Wort und Bild, Band 3: Lehre Jesu

Lehre Jesu

Bilder zu Gleichnissen und
Predigten Jesu
mit Texten
aus den vier Evangelien

Zusammengestellt
und mit Erläuterungen versehen
von Jörg Neumann

Die Texte zu den Zehn Geboten und dem Vaterunser
wurden von Erhard Gaß verfaßt

© 1999 Legat-Verlag Erhard Gaß, Tübingen
Graphische Gestaltung: Peter Charisius, Stuttgart
Herstellung: Gulde-Druck GmbH, Tübingen
ISBN 3-932942-02-7

DANK

Viele Fachleute erklären in Kirchen und Museen Kunstwerke aus allen Epochen, so daß auch kunsthistorische Laien beeindruckt sind von den Gedanken und Gefühlen, die Gemälde und Statuen vermitteln können. Die dabei erworbenen Kenntnisse über die Entstehung, Bedeutung und Wirkung von Bildern machen auch aus einem wißbegierigen Zuhörer noch keinen Experten, sie helfen ihm aber, die kulturelle Entwicklung Europas besser zu verstehen.

Überraschenderweise wurde der Wunsch, solche Informationen auf allgemein verständlichem Niveau auch in Büchern wiederzufinden, lange Zeit nur wenig beachtet. Dies führte mich im Laufe der Jahre zu dem Entschluß, Interessierten eine Buchreihe über christliche Kunst anzubieten. Die Beschränkung auf den kirchlichen Bereich erscheint sinnvoll, weil sich die Kunst in unserem Kulturkreis über viele Jahrhunderte hinweg fast ausschließlich mit religiösen Motiven beschäftigte.

Konkrete Anregungen zu dem Vorhaben erhielt ich durch sachkundige Führungen in Kirchen und Museen, aber auch bei vielen anderen Anlässen.

Seit ich nun das Programm ernsthaft in Angriff genommen habe, sind mir von vielen Seiten in uneigennütziger Weise tatkräftige Hilfe und wertvolle Beratung zuteil geworden, ohne die eine Verwirklichung der Pläne nicht möglich gewesen wäre.

Ich sehe mich deshalb vielen Menschen zu Dank verpflichtet.

Es wäre ungerecht, nur einige aufzuführen und viele andere unerwähnt zu lassen.
Ich danke daher ohne Namen zu nennen allen,
die zu meinem Entschluß, oft ohne es zu wissen, beigetragen haben und allen,
die mir auf irgendeine Art und Weise
beim Vorbereiten und Verlegen der Bücher geholfen haben.

Erhard Gaß

ZUR BUCHREIHE ‚WORT UND BILD‘

Die Kunst des Abendlandes befaßte sich von der Spätantike bis in die Neuzeit hinein fast ausschließlich mit christlichen Motiven. Und auch später beschäftigten sich Maler, Bildhauer und Graphiker oft mit religiösen Themen. Vielen modernen Menschen sind diese Kunstwerke in den Kirchen und Museen fremd geworden, weil ihnen oftmals das Wissen fehlt, das die Voraussetzungen für das Verstehen christlicher Kunst schafft.

Die mit diesem Buch fortgesetzte Reihe soll allen Interessierten den Zugang zu diesem Bereich unserer Kunst und Kultur erleichtern. Dazu wird an Beispielen gezeigt, wie während der 2000 Jahre, die seit Christi Geburt vergangen sind, Künstler das biblische Wort in Bilder umgesetzt haben.

Bei der Auswahl wurde angestrebt, die verschiedenen künstlerischen Techniken ebenso zu berücksichtigen wie die bedeutenden Epochen der abendländischen Kultur. Bei der großen Zahl der in Frage kommenden Kunstwerke muß aber jede Entscheidung subjektiv bleiben.

Die Bibeltexte sollen von allen wichtigen Ereignissen berichten, die in den vier Evangelien zum Thema des Buches enthalten sind. Auch bei dieser Auswahl könnte man sicherlich aus gutem Grund zu einer anderen Zusammenstellung kommen.

Um dem Leser den Einstieg zu erleichtern, werden zu den im Text grau gekennzeichneten Begriffen kurze Erklärungen gegeben, die der Kundige überschlagen möge.

Der Verleger

ZU DIESEM BUCH

Im dritten Buch der Reihe ‚Wort und Bild‘ werden Kunstwerke vorgestellt und erläutert, die das Wirken Jesu unter den Menschen zum Thema haben. Im Unterschied zu den Ereignissen, die im zweiten Band dieser Reihe, dem ‚Leben Jesu‘ geschildert werden, handelt die ‚Lehre Jesu‘ nicht von Taten und Wundern, sondern von den Worten Jesu.

Nach den Texten des Neuen Testaments zog Jesus Christus in der Zeit seines öffentlichen Wirkens mit den Jüngern durch Galiläa und Judäa. Auf dieser Wanderschaft verkündete er in Predigten und Gesprächen seine Botschaft und versuchte, die Menschen zur Umkehr zu bewegen. Oft kleidete Jesus seine Belehrungen in Gleichnisse, die allgemein bekannte Motive beinhalten. Dadurch erreichte er ein besseres Verständnis bei den Zuhörern.

Seit frühchristlicher Zeit haben Künstler immer wieder versucht, die Worte Jesu in die Sprache der Bilder zu übersetzen. In jeder Epoche der Kunstgeschichte wurde dabei eine andere Auswahl aus dem reichen Vorrat an Motiven getroffen, den die vier Evangelien anbieten. Die wechselnde Beliebtheit eines bestimmten Themas konnte verschiedene Ursachen haben. Vor allem religiöse beziehungsweise theologische Überlegungen spielten dabei eine wichtige Rolle. Manche Motive wurden aus Glaubensgründen zeitweise gar nicht dargestellt, andere wiederum trafen genau das religiöse Empfinden oder die theologische Grundüberzeugung einer Epoche und wurden daher mit Vorliebe gewählt.

Da Kunst bis zum 19. Jahrhundert zumeist nur im Auftrag entstand, bestimmte nicht der Künstler, sondern der Kunde das Thema, und der wichtigste Auftraggeber war lange Zeit die Kirche. Selbst als die Künstler ihre Themen frei wählen konnten, waren sie noch vom Geschmack und von den religiösen Bedürfnissen der potentiellen Käufer abhängig. Eine weitere wichtige Voraussetzung für die Wahl eines bestimmten Themas war die künstlerische Umsetzbarkeit. Nicht jeder Gesichtspunkt der Lehre Jesu und nicht alle von ihm überlieferten Aussagen eignen sich gleichermaßen als Bildmotive.

Da sich aus den Evangelien kein chronologischer Ablauf des Wirkens Jesu ergibt, bot sich eine Gliederung des Buches in thematische Kapitel an. Dies ermöglicht dem Leser, die verschiedenen Aspekte der Lehre Jesu zu erkennen und Kunstwerke mit ähnlichem Inhalt zu vergleichen. Bei der Auswahl der Bilder wurde versucht, einen möglichst breiten Überblick über die unterschiedlichen Epochen zu gewinnen und dabei gleichzeitig verschiedene künstlerische Gattungen zu berücksichtigen.

Die Evangelientexte wurden der Neuen Genfer Übersetzung der Bibel entnommen, die von der Genfer Bibelgesellschaft derzeit erarbeitet wird (Siehe dazu auch Seite 186). Manche Aussagen Jesu und manche Begebenheiten werden gleich von mehreren Evangelisten überliefert. Auf solche Parallelen wird jeweils hingewiesen.

Jörg Neumann

DER LEHRENDE JESUS

Jesus verkündete seine Botschaft an zahlreichen Orten Galiläas und Judäas. Näheres über die Umstände, die Zahl der Zuhörer und die Inhalte haben die Evangelisten jedoch nur von wenigen dieser Predigten überliefert. Beispiele hierfür sind die Predigt am See, die Abschiedsrede nach dem letzten Abendmahl und die berühmte Bergpredigt.

Es gibt nicht sehr viele Bilder, die Jesus als Prediger zeigen. Die interessantesten Darstellungen dazu schuf sicherlich Rembrandt, der sich mehrfach mit diesem Motiv beschäftigt hat.

Die Künstler haben aber nicht nur den lehrenden Jesus als Mensch unter Menschen gezeigt. Um die Bedeutung seiner Botschaft hervorzuheben, stellten sie ihn auch als auferstandenen Christus dar, der vom Himmelsthron herab das Gesetz des neuen Bundes verkündet.

DIE PREDIGT JESU

Zu Rembrandt Harmensz. van Rijn siehe auch
die Bilder 4, 13, 29 und 54.

Der holländische Maler, Radierer und Zeich-
ner Rembrandt Harmensz. van Rijn wurde
1606 in Leiden geboren und starb 63jährig in
Amsterdam. Sein umfangreiches und sehr
vielseitiges Werk gilt als eines der bedeutend-
sten in der Kunst überhaupt.

Rembrandts Radierung basiert auf keiner
konkreten Bibelstelle, sondern zeigt ganz allgemein eine Predigt Jesu, die in einem Innenhof stattfindet. Durch ein offenes Tor sind im
Hintergrund mehrere Gebäude zu sehen.

Jesus steht barfüßig auf einem Mauervor-
sprung. Die Barfüßigkeit gilt als Zeichen von
Armut, Buße und Demut. Schon in Bildern
der frühchristlichen Zeit tragen Jesus und die
Apostel nur selten Schuhe. Die Jünger und
ihren Meister mit bloßen Füßen darzustellen
geht wohl auf die Überlieferungen von
Matthäus 10,10 und Lukas 10,4 zurück.

Rembrandt zeigt Jesus nicht als Prediger, der
die Zuhörer mit der Kraft seiner Worte auf-
rüttelt, sondern hebt seine innere Ruhe hervor. Er wirkt in sich gekehrt und hat beide
Hände zu einer Gebärde erhoben, die an die
altchristliche Gebetshaltung, den Oranten-
gestus, erinnert. Mit geneigtem Kopf schaut
Jesus zu dem Kind hinunter, das in seiner
völligen Unschuld vor ihm auf dem Boden
liegt und mit dem Finger im Staub spielt.

Der versammelte Personenkreis ist bunt
gemischt: Männer und Frauen, junge und alte,
orientalisch und zeitgemäß gekleidete. Sie
lauschen andächtig den Worten Jesu. In ihren
Gesichtern spiegeln sich sehr unterschiedliche
Empfindungen wider: Erwartung und Glaube
überwiegen, es zeigen sich aber auch Zweifel
und Ablehnung.

Orant: (lateinisch orare =
beten) Ein mit erhobenen
Armen betender Mensch.
In frühchristlicher Zeit
häufig verwendetes Motiv.

Bild 1
Die Predigt Jesu *(um 1652)*
Rembrandt Harmensz. van Rijn (1606-1669)
Radierung, 15,5 x 20,7 cm

DIE BERGPREDIGT

Als Jesus die Menschenmenge sah, stieg er auf einen Berg. Er setzte sich, seine Jünger versammelten sich um ihn, und er begann sie zu lehren. Matthäus 5,1-2

Die Bergpredigt (Matthäus 5-7) ist sicherlich die wichtigste und auch bekannteste Predigt des Matthäus-Evangeliums. Sie wird in einer kürzeren Fassung auch von Lukas (Lukas 6,20-49) überliefert. Die Bergpredigt beginnt mit den Seligpreisungen, auf sie folgen Gesetzesauslegungen Jesu, die Erklärung der wahren Frömmigkeit und schließlich mehrere Lebensregeln.

Der Dominikanermönch Fra Angelico stattete zwischen 1437 und 1452 die Räume des Dominikanerklosters San Marco in Florenz mit Fresken aus. Die Wandmalereien zeichnen sich durch ihre schlichte, auf das Wesentliche reduzierte Formensprache aus. Ungewöhnlich ist, daß nicht nur auf den Wänden der Gemeinschaftsräume, sondern auch in den Mönchszellen Motive aus dem Leben Jesu dargestellt wurden, die zur Meditation anregen sollten.

Fra Angelico hat aber nur einen Teil der Bilder selbst gemalt. So ist auch die ‚Bergpredigt‘ nach seinen Vorlagen von einem unbekannten Kollegen oder einem Gehilfen ausgeführt worden.

Jesus predigt in einer kargen, felsigen Gebirgslandschaft, die der Maler als unnatürlich erscheinende Szenerie wiedergegeben hat: Der Berggipfel wirkt mit seinen vereinfachten Felsformationen wie eine Theaterkulisse. Entsprechend der Überlieferung bei Matthäus hören auf diesem Fresko nur die zwölf Jünger ihrem Meister zu. Sie tragen farbenprächtige Gewänder und haben sich so im Halbkreis um den predigenden Jesus niedergesetzt, daß die meisten dem Betrachter den Rücken zuwenden. Dadurch ergab sich für den Maler ein Problem mit den Nimben, das er nicht

befriedigend lösen konnte. Damit die goldenen, scheibenartigen Heiligenscheine ihre Köpfe nicht verdecken, setzte er sie den Jüngern teilweise vor das Gesicht.

Der betende Apostel im grünen Gewand auf der rechten Seite nimmt Kontakt mit dem Betrachter auf, indem er aus dem Bild herausblickt. Der fast ganz verdeckte Jünger neben ihm, der zu Jesus aufschaut, ist wohl Judas, denn er hat als einziger einen dunklen Heiligenschein.

Jesus sitzt erhöht auf einem Felsvorsprung in der Bildmitte. Die Haltung, die er einnimmt, charakterisierte schon in der Antike lehrende Philosophen. Die Schriftrolle in seiner Linken ist Sinnbild für Gelehrsamkeit und Wissen. Sie kann aber auch die neue Lehre symbolisieren, die Jesus den Jüngern gerade verkündet.

In der Bergpredigt erklärt er viele Gebote aus dem Alten Testament und leitet seine Deutung des Gesetzes jeweils mit den Worten ein: „Ich aber sage euch". Durch die hoch erhobene Hand mit ausgestrecktem Zeigefinger bekräftigt er seine Ermächtigung, die Gebote neu auszulegen.

Bild 2
Die Bergpredigt *(um 1440/45)*
Fra Angelico und Werkstatt (1387-1455)
Fresko
Florenz, Kloster San Marco
Mönchszelle

Nimbus: (Heiligenschein) Kreisrunde, meist goldene Scheibe um das Haupt, durch die auf die göttliche Natur oder die Heiligkeit der abgebildeten Person hingewiesen wird. An die Stelle der Scheibe kann auch ein Strahlenkranz, ein Lichtschein oder ein dünner Reif treten.

13

DIE PREDIGT AM SEE

'Später' an jenem Tag verließ Jesus das Haus und setzte sich ans Ufer des Sees, 'um zu lehren'. Die Menschenmenge, die sich um ihn versammelte, war so groß, daß er sich in ein Boot setzte; so konnte er zu der ganzen Menge reden, die am Ufer stand. Er sprach über vieles zu ihnen, und er gebrauchte dazu Gleichnisse. Matthäus 13,1-3

Auch Lukas erzählt in Kapitel 5,1-3 von der Predigt Jesu am See und ist in seinen Angaben sogar etwas genauer als Matthäus: Er nennt den See Gennesaret als Ort des Geschehens und Simon als Besitzer des Bootes. Das bekannteste der von Jesus bei dieser Gelegenheit vorgetragenen Gleichnisse ist das vom Sämann.

Jan Brueghel der Ältere war der zweite Sohn Pieter Brueghels des Älteren, der wegen seiner Vorliebe für derbe Alltagsszenen als ‚Bauern-Brueghel' in die Kunstgeschichte eingegangen ist. Seine Bilder waren aufgrund des phantastischen Einfallsreichtums und der Feinheit in der Ausführung schon bei zeitgenössischen Sammlern sehr beliebt.

Das Thema der Predigt Jesu hat Jan Brueghel in eine ‚Weltlandschaft' eingefügt. Der Betrachter schaut auf ein Küstengebiet herab, das unter einem bewölkten Himmel liegt und durch Licht und Schatten in mehrere hintereinander liegende Bereiche gestaffelt ist. Ein Gebirge schließt am Horizont den Bildraum ab. An seinem Fuß liegt eine Stadt, der eine Felseninsel vorgelagert ist. Einige Segelschiffe und Boote sind auf dem Wasser unterwegs, andere liegen am Strand.

Unzählige Menschen bevölkern die Szene. Auf dem Fischmarkt im Vordergrund treffen Arme und Reiche zusammen, um einzukaufen, spazierenzugehen, sich zu unterhalten, oder sich mit anderen alltäglichen Dingen zu beschäftigen.

Die Hauptperson, der predigende Jesus, ist erst nach genauer Betrachtung zu finden. Er ist an seinem strahlenden Nimbus zu erkennen: Im mittleren Bildstreifen, fast genau im Zentrum, steht er unterhalb der bizarren Felseninsel auf einem der Schiffe am Ufer. Eine dichtgedrängte Menschenmenge hat sich ihm zugewandt und verfolgt seine Rede.

> Weltlandschaft: Besonderheit der niederländischen Kunst des 16. Jahrhunderts. Man versteht darunter eine weit ausgedehnte, motivreiche Landschaft, die von einem erhöhten Standpunkt aus gesehen wird. Im Einzelnen können reale Landschaftsausschnitte wiedergegeben sein, als Ganzes beruht eine Weltlandschaft aber auf freier Erfindung.

Bild 3
Seehafen mit der Predigt Christi *(1598)*
Jan Brueghel der Ältere (1568-1625)
Öl/Eichenholz, 78 x 119 cm
München, Alte Pinakothek

MATTHÄUS KAPITEL 19
UND DAS ‚HUNDERTGULDENBLATT'

Jesus verläßt seine Heimat Galiläa und geht nach Judäa

Als Jesus seine Rede beendet hatte, zog er weiter. Er verließ Galiläa und ging in das Gebiet von Judäa auf der anderen Seite des Jordans. Matthäus 19,1

Heilung von Kranken

Große Scharen von Menschen folgten ihm dorthin, und er heilte sie. Matthäus 19,2

Über Ehe und Ehescheidung

'Einige' Pharisäer kamen zu Jesus. Sie wollten ihm eine Falle stellen und fragten ihn deshalb: „Ist es einem Mann erlaubt, sich aus jedem beliebigen Grund von seiner Frau zu scheiden?"
Jesus entgegnete: „Habt ihr nicht gelesen, daß der Schöpfer am Anfang die Menschen als Mann und Frau erschuf und daß er gesagt hat: ‚Deshalb wird ein Mann Vater und Mutter verlassen und sich an seine Frau binden, und die zwei werden e i n Leib sein'? Sie sind also nicht mehr z w e i, sondern sie sind e i n Leib. Darum: Was Gott zusammengefügt hat, soll der Mensch nicht trennen."
„Wie kommt es dann aber", fragten die Pharisäer, „daß es nach dem Gesetz des Mose zulässig ist, 'der Frau' eine Scheidungsurkunde zu geben und sie daraufhin fortzuschicken?"
Jesus gab ihnen zur Antwort: „'Nur' wegen eurer Uneinsichtigkeit hat Mose euch erlaubt, euch von euren Frauen zu scheiden. Am Anfang war es jedoch nicht so. Ich sage euch: Wer sich von seiner Frau scheidet und eine andere heiratet – es sei denn, seine Frau ist ihm untreu geworden –, der begeht Ehebruch."
Da sagten die Jünger zu Jesus: „Wenn es zwischen Mann und Frau so steht, ist es besser, gar nicht zu heiraten!" Er erwiderte: „Das ist etwas, was nicht alle begreifen können, sondern nur die, denen es 'von Gott' gegeben ist.
Manche sind nämlich von Geburt an zur Ehe unfähig, manche werden durch den Eingriff von Menschen dazu unfähig gemacht, und manche verzichten von sich aus auf die Ehe, um ganz für das Himmelreich dazusein. Wer es begreifen kann, der möge es begreifen!" Matthäus 19,3-12

Jesus segnet die Kinder

Danach wurden Kinder zu Jesus gebracht; er sollte ihnen die Hände auflegen und für sie beten. Aber die Jünger wiesen sie barsch ab. Da sagte Jesus: „Laßt die Kinder zu mir kommen; hindert sie nicht daran! Denn 'gerade' für solche 'wie sie' ist das Himmelreich."
Und er legte den Kindern die Hände auf. Dann zog er weiter. Matthäus 19,13-15

Die Frage eines Reichen nach dem ewigen Leben

Ein Mann kam zu Jesus und fragte ihn: „Meister, was muß ich Gutes tun, um das ewige Leben zu bekommen?"
„Warum fragst du mich nach dem, was gut ist?" entgegnete Jesus. „Gut ist nur einer. Wenn du den Weg gehen willst, der zum Leben führt, dann halte die Gebote!"
„Welche Gebote?" fragte der Mann. Jesus antwortete: „Du sollst keinen Mord begehen, du sollst nicht die Ehe brechen, du sollst nicht stehlen, du sollst keine falschen Aussagen machen, ehre deinen Vater und deine Mutter, und liebe deine Mitmenschen wie dich selbst!"
Der junge Mann erwiderte: „Alle diese Gebote habe ich befolgt. Was fehlt mir noch?"
Jesus antwortete: „Wenn du vollkommen sein willst, geh, verkaufe 'alles', was du hast, und gib 'den Erlös' den Armen, und du wirst einen Schatz im Himmel haben. Und dann komm und folge mir nach!"
Als der junge Mann das hörte, ging er traurig weg; er hatte ein großes Vermögen. Da sagte Jesus zu seinen Jüngern: „Ich versichere euch: Für einen Reichen ist es schwer, in das Himmelreich zu kommen.
Um es noch deutlicher zu sagen: Eher geht ein Kamel durch ein Nadelöhr, als daß ein Reicher ins Reich Gottes kommt."
Als die Jünger das hörten, waren sie zutiefst bestürzt. „Wer kann dann überhaupt gerettet werden?" fragten sie.
Jesus sah sie an und sagte: „Bei den Menschen ist das unmöglich, aber für Gott ist alles möglich." Matthäus 19,16-26

Der Lohn der Nachfolge

Daraufhin sagte Petrus zu Jesus: „Du weißt, wir haben alles zurückgelassen und sind dir nachgefolgt. Was werden wir dafür bekommen?"
Jesus erwiderte, zu allen Jüngern gewandt: „Ich sage euch: Wenn der Menschensohn in der zukünftigen Welt auf dem Thron seiner Herrlichkeit sitzt, werdet auch ihr, die ihr mir nachgefolgt seid, auf zwölf Thronen sitzen und die zwölf Stämme Israels richten. Und jeder, der um meines Namens willen Häuser, Brüder, Schwestern, Vater, Mutter, Kinder oder Äcker zurückläßt, wird 'alles' hundertfach 'wieder'bekommen und wird das ewige Leben erhalten.
Aber viele, die 'jetzt' die Ersten sind, werden 'dann' die Letzten sein, und viele, die 'jetzt' die Letzten sind, werden 'dann' die Ersten sein." Matthäus 19,27-30

DAS ‚HUNDERTGULDENBLATT'

Zu Rembrandt Harmensz. van Rijn siehe auch die Bilder 1, 13, 29 und 54.

Das ‚Hundertguldenblatt', die berühmteste Radierung Rembrandts, erhielt seinen Namen nach dem außerordentlich hohen Preis, den es im 17. Jahrhundert erzielt haben soll. Dargestellt sind die Hauptthemen aus Matthäus, Kapitel 19, die Rembrandt auf bisher nicht gekannte Weise so zu einer Szene zusammengefaßt hat, als ob die nacheinander abgelaufenen Ereignisse alle zur gleichen Zeit stattgefunden hätten. Jesus ist als Lehrer und Prediger, als Freund der Kinder und Wunderheiler abgebildet. Der Künstler zeigt damit in einem einzigen Bild gleich mehrere Aspekte des christlichen Glaubens. Diese Vielfalt erklärt wohl auch die bis heute anhaltende Beliebtheit des Blattes.

Vor einem dunklen Hintergrund steht Jesus inmitten einer Menschenmenge. Ein heller Schein geht von seinem Haupt aus. Am linken Bildrand stehen einige Zuschauer, die eher gelangweilt das Geschehen verfolgen und vielleicht darauf hoffen, noch etwas Aufregendes zu erleben. Die verschiedenen anderen Personengruppen lassen sich durch den Bibeltext recht gut identifizieren.

Links oben hinter einer Mauer diskutieren die Gegner Jesu, die Pharisäer, die ihn gefragt haben, ob eine Ehescheidung zulässig sei.

Vor der Mauer hockt der Jüngling, der von Jesus wissen wollte, wie er das ewige Leben gewinnen könne. Er ist reich gekleidet und stützt seinen Kopf nachdenklich in die Hand, denn er kann sich nicht dazu entschließen, seinen Besitz an die Armen zu verschenken.

Zwei Frauen treten von links heran, um ihre Kinder segnen zu lassen. Mit der ausgestreckten Hand fordert Jesus die Mütter auf, näher zu kommen und weist gleichzeitig Petrus zurück, der sie aufzuhalten versucht. Einige weitere Apostel beobachten das Geschehen interessiert.

Von rechts kommen die Kranken, die darauf hoffen, von Jesus geheilt zu werden. Ein Gelähmter wird im Schubkarren hergebracht und ein Blinder von seinem Begleiter fürsorglich gestützt. Mit dem Dromedar unter dem düsteren Torbogen erinnert Rembrandt an die Aussage Jesu: „Eher geht ein Kamel durch ein Nadelöhr, als daß ein Reicher ins Reich Gottes kommt."

Bild 4
Das ‚Hundertguldenblatt'
(um 1649)
Rembrandt Harmensz. van Rijn
(1606-1669)
Radierung, 27,9 x 39,5 cm

Pharisäer: Zur Zeit Jesu einflußreiche Gruppe frommer Juden, die sich bemühten, die in den fünf Büchern Mose enthaltenen Gesetze buchstabengetreu zu befolgen. Sie hielten Jesu Aussage, er sei der Messias, für eine Gotteslästerung. Deshalb griffen sie Jesus immer wieder an und versuchten, Beweise für einen Prozeß gegen ihn zusammenzutragen. Aber auch die Reaktion Jesu auf die Frömmigkeitspraxis der Pharisäer wurde immer schärfer.

DIE ABSCHIEDSREDE

Nach dem letzten Abendmahl am Passafest richtete Jesus eine längere Rede an seine Jünger. Nur Judas fehlte; er war gegangen, Jesus zu verraten. Johannes berichtet in den Kapiteln 13 bis 17 ausführlich vom Abschied Jesu von seinen Jüngern.

Zu Duccio di Buoninsegna siehe auch Bild 50.

Duccio di Buoninsegnas Gemälde mit der ‚Abschiedsrede Jesu' stellt eine von über 60 Bildtafeln des berühmten Maestà-Altars dar, der 1311 feierlich im Dom von Siena aufgestellt wurde. Da Duccio vertraglich dazu verpflichtet war, alle Tafeln eigenhändig zu malen, benötigte er mehrere Jahre für die Fertigstellung seines Meisterwerks. 1771 wurde das Altarbild dann zerlegt und aus dem Kirchenraum entfernt.

Die Jünger haben sich zum letzten Mal versammelt, um die Lehre Jesu zu hören. Sie sitzen ihm in einem nicht sehr tiefen Raum gegenüber, der sich nach hinten verjüngt und nach vorne wie eine Guckkastenbühne geöffnet ist. Duccio gab den vorderen Aposteln keine Heiligenscheine, um die hinten sitzenden nicht zu verdecken.

Jesus thront auf einer Holzbank und hat seine rechte Hand mit ausgestrecktem Zeigefinger zum Redegestus erhoben. Rechts in der Seitenwand und hinter Jesus führen Türen ins Dunkle hinaus. Damit wird auf die bevorstehende Passion und seinen Tod hingewiesen. Die Jünger lauschen aufmerksam den Worten ihres Meisters. Manche stützen ihr Kinn auf und einige denken so angestrengt nach, daß sich ihre Stirn in Falten legt.

Redegestus: Angehobener Unterarm mit geöffneter, vorgestreckter Hand. Mit dem Redegestus umgingen mittelalterliche Künstler die Schwierigkeit, eine sprechende Person allein durch die Mimik kenntlich zu machen. Er ist daher eine der am häufigsten anzutreffenden Gebärden. Die erhobene Hand kann aber auch andere Bedeutungen haben, zum Beispiel einen Hinweis oder die Erteilung des Segens. Es ist deshalb nicht immer leicht, den jeweiligen Sinn zu erkennen.

Bild 5
Die Abschiedsrede an die Apostel *(ca. 1308/11)*
Duccio di Buoninsegna (um 1255/60-1319)
Tempera/Pappelholz, 45 x 53 cm
Siena, Museo dell' Opera Metropolitana (Dommuseum)

DER AUFERSTANDENE CHRISTUS ALS LEHRER

Das Bildmotiv ‚Christus als Lehrer im Kreise seiner Jünger' ist in der frühchristlichen Kunst recht häufig anzutreffen. Bei den ersten Zeugnissen dieser Art handelte es sich zunächst nur um die einfache Übertragung von antiken Darstellungen eines Lehrgesprächs ins Christliche, indem man den heidnischen Lehrer durch Jesus ersetzte. Später wurde Christus in diesen Bildern und Reliefs immer öfter durch kaiserliche Attribute hervorgehoben. Schließlich kamen auch Motive hinzu, die aus Beschreibungen der Wiederkunft Christi am Jüngsten Tag entnommen wurden.

Die Kirche Santa Pudenziana wurde Ende des 4. Jahrhunderts über dem Haus des Senators Quintus Cornelius Pudens in Rom errichtet. Der Legende nach war er der Vater der heiligen Pudentiana und der heiligen Praxedis und soll Petrus Gastfreundschaft gewährt haben.

Das Apsismosaik aus Santa Pudenziana ist eines der schönsten der zahlreichen in Rom erhalten gebliebenen Mosaiken. Es ist noch stark von der spätantiken Kunst beeinflußt und zeichnet sich durch die natürliche Wiedergabe von Körper, Raum und Farben aus. Aber auch an diesem Kunstwerk sind die Jahrhunderte nicht spurlos vorübergegangen: Es wurde Ende des 16. Jahrhunderts im Zuge von Umbaumaßnahmen erheblich beschnitten, wobei unter anderem zwei der Apostel verschwanden. Auch andere Teile des Mosaiks sind im Laufe der Zeit verlorengegangen. Die zahlreichen Fehlstellen wurden dann im 19. Jahrhundert ergänzt.

Hinter einer ziegelgedeckten Arkadenwand erhebt sich das himmlische Jerusalem. Darüber ragt aus einem Erdhügel ein mit Edelsteinen geschmücktes Kreuz in den von Wolken durchzogenen Himmel. Dort schweben die vier Evangelistensymbole: Mensch, Löwe, Stier und Adler. Vor der Arkadenwand sitzen die zehn noch verbliebenen Apostel. Hinter ihnen stehen zwei

weibliche Figuren, die wohl die Juden- und die Heidenkirche verkörpern. Sie halten Kränze über Petrus, das Oberhaupt der Jerusalemer Urgemeinde, und über Paulus, den Missionar der Heiden. Beide Apostel sind aufgrund ihres typischen Aussehens eindeutig zu identifizieren: Petrus mit Vollbart und weißem Haar, Paulus dunkelhäutig mit schwarzem Bart, zusammengewachsenen Augenbrauen und Stirnglatze.

Inmitten dieser Versammlung sitzt Christus gleich einem Herrscher auf einem edelsteinbesetzten Thron mit Purpurkissen. Das offene Buch in der linken und der Redegestus seiner rechten Hand weisen ihn als Lehrer aus. Auf dem Buch ist in lateinischer Sprache zu lesen: „Der Herr beschützt die Kirche Pudentianas".

Anmerkung zu Pudenziana/Pudentiana: Die Schreibweise richtet sich bei der Kirche Santa Pudenziana nach der italienischen, bei der heiligen Pudentiana nach der lateinischen Sprache.

Bild 6
Der lehrende Christus *(um 400)*
Mosaik
Rom, Santa Pudenziana, Apsis

Evangelistensymbole: Der Mensch ist dem Evangelisten Matthäus, der Löwe dem Markus, der Stier dem Lukas und der Adler dem Johannes als Symbol zugeordnet. Sie wurden aus den Visionen bei Ezechiel/Hesekiel 1,5ff. und der Offenbarung des Johannes 4,6ff. hergeleitet und kommen seit dem 4. Jahrhundert in der Kunst entweder für sich allein oder als Attribute zusammen mit den Evangelisten vor. Sie haben eine Schriftrolle oder ein Buch bei sich und tragen in der Regel Flügel. Dies führte dazu, daß der geflügelte Mensch des Matthäus irrtümlich immer wieder als Engel bezeichnet wurde.

DEIN BRUDER UND DEIN NÄCHSTER

Mit den Gleichnissen vom Balken im Auge und vom Barmherzigen Samariter gibt Jesus konkrete Beispiele für den Umgang des einzelnen mit seinen Mitmenschen. Dabei soll der Balken im Auge die Gläubigen ermahnen, weniger auf die Fehler der anderen als auf die eigenen zu achten. Der Barmherzige Samariter hilft – anders als der Priester und der Levit – dem in Not Geratenen ohne Ansehen der Person. Er scheut dabei weder die damit verbundene Mühe noch die Ausgabe seines eigenen Geldes.

Als Jesus kurz vor seinem Tod vom Jüngsten Gericht erzählt, verspricht er denjenigen einen Platz im Himmelreich, die das Gebot der Nächstenliebe beachtet haben. Er nennt dabei sechs Werke der Barmherzigkeit: Hungrige speisen, Durstigen zu trinken geben, Obdachlose aufnehmen, Nackte kleiden, Kranke pflegen und Gefangene besuchen. Bereits in spätantiker Zeit ergänzten christliche Autoren die sechs im Matthäus-Evangelium genannten Werke durch die Bestattung der Toten, um so die symbolträchtige Zahl Sieben zu erreichen. Sie beriefen sich dabei auf die Geschichte des Tobias aus dem gleichnamigen apokryphen Buch des Alten Testaments, der in Assyrien trotz strenger Verbote heimlich die von den Machthabern ermordeten Juden bestattete.

Kunstwerke, die das Gebot der Nächstenliebe veranschaulichen, sind seit dem Mittelalter sehr häufig an Fassaden oder auf Altären von Hospitälern, Findelhäusern und anderen karitativen Einrichtungen zu finden. Die frühesten bekannten Darstellungen der Werke der Barmherzigkeit entstanden im 12. Jahrhundert, oftmals in Verbindung mit Bildern vom Weltgericht.

Samariter: Aus kanaanitischen Ureinwohnern, Israeliten des Nordreichs und babylonischen Zuwanderern entstandenes Volk, das nur die fünf Bücher Mose als heilige Schriften anerkannte. Die Juden des Südreichs betrachteten die Samariter als religiös nicht gleichwertig und schlossen sie zeitweise vom Gottesdienst im Jerusalemer Tempel aus. Daraufhin errichteten die Samariter in der Nähe von Sichem ein eigenes Gotteshaus.

Levit: Nachkommen Levis, des Sohnes von Jakob und Lea. Diesem Stamm des Volkes Israel war der priesterliche Dienst im Tempel übertragen worden (4.Mose 3,5-9).

apokryph: (griechisch = geheim, verborgen, unecht) Bezeichnet Bücher, die nach Inhalt und Form den biblischen zwar verwandt sind, aber nicht in das Alte und das Neue Testament aufgenommen wurden.

DAS GLEICHNIS VOM BALKEN IM AUGE

„Wie kommt es, daß du den Splitter im Auge deines Bruders siehst, aber den Balken in deinem eigenen Auge nicht bemerkst? Wie kannst du zu deinem Bruder sagen: ‚Bruder, halt still! Ich will den Splitter herausziehen, der in deinem Auge sitzt' – und bemerkst dabei den Balken im eigenen Auge nicht? Du Heuchler! Zieh zuerst den Balken aus deinem eigenen Auge; dann wirst du klar sehen und kannst den Splitter, der im Auge deines Bruders ist, herausziehen." Lukas 6,41-42 (auch Matthäus 7,3-5)

Jesus gebrauchte noch einen Vergleich; er sagte: „Kann ein Blinder einen Blinden führen? Werden nicht beide in die Grube fallen?" Lukas 6,39

Der Holzschnitt mit dem Gleichnis vom Balken im Auge ist einer Bibel entnommen, die um 1685 vom Endter-Verlag in Nürnberg gedruckt wurde. Die Endter-Bibeln gehören zu einer Gruppe von illustrierten protestantischen Bibeln des 16. und 17. Jahrhunderts, die, anders als frühere Ausgaben, zahlreiche Holzschnitte zu den Gleichnissen Jesu enthalten. Auch die berühmte, 1630 erstmals erschienene Merian-Bibel gehört zu ihnen.

Als Textvorlage für den Holzschnitt der Endter-Bibel dienten die Gleichnisse vom Balken im Auge und vom blinden Blindenführer nach dem Lukas-Evangelium. Beide sind hier in einem Bild zusammengefaßt: Rechts stürzen zwei Blinde hintereinander in eine Grube, während links gleichzeitig die Geschichte vom ‚Balken im Auge' zu sehen ist.

Vor den Mauern einer Stadt weist Jesus vier Jünger, die eng an ihn herangerückt sind, auf die Ereignisse im Vordergrund hin. Links sitzt vor einem verfallenen Gebäude ein Mann auf einem Steinquader. Er hält ein Schwert in der Hand und gehört demnach zu den Edelleuten. Der vor ihm stehende Helfer ist durch das Winkelmaß an seinem Rock als Handwerker zu erkennen. Er versucht

gerade dem Sitzenden einen Splitter aus dem Auge zu ziehen. Der lange, dicke Balken in seinem eigenen Auge zeigt aber, daß seine Verblendung noch viel größer ist als die des Edelmanns.

Bild 7
Die Gleichnisse vom Balken im Auge und von den blinden Blindenführern (um 1685)
Endter-Bibel (unbezeichnete Illustration)
Holzschnitt, 7,8 x 11,5 cm

DIE WERKE DER BARMHERZIGKEIT 1

„Dann wird der König zu denen auf der rechten Seite sagen: ‚Kommt her, ihr seid von meinem Vater gesegnet! Nehmt das Reich in Besitz, das seit der Erschaffung der Welt für euch vorbereitet ist. Denn ich war hungrig, und ihr habt mir zu essen gegeben; ich war durstig, und ihr habt mir zu trinken gegeben; ich war ein Fremder, und ihr habt mich aufgenommen; ich hatte nichts anzuziehen, und ihr habt mir Kleidung gegeben; ich war krank, und ihr habt euch um mich gekümmert; ich war im Gefängnis, und ihr habt mich besucht.'" Matthäus 25,34-36

Das mehrteilige Altarblatt aus dem Rijksmuseum in Amsterdam ist das Hauptwerk eines unbekannten holländischen Malers, der um 1500 in Alkmaar tätig war. Er hat die ‚Sieben Werke der Barmherzigkeit' für die St. Laurentskirche dieser Stadt geschaffen und erhielt deshalb nach ihr seinen Notnamen.

Der Künstler widmete jedem Werk der Barmherzigkeit eine der sieben Bildtafeln, die in einer gemeinsamen Rahmung zu einer Reihe gefaßt sind. Unter jeder Darstellung steht in holländischer Sprache ein mahnender Spruch, der den moralischen Appell an den Betrachter verstärken soll.

Die sieben Gemälde geben scheinbar alltägliche Szenen aus dem alten Holland wieder. Menschen und Architektur sind detailgetreu erfaßt und auch die räumlichen Verhältnisse sind überzeugend gestaltet. Vieles in den Bildern erscheint jedoch noch mittelalterlich, etwa die bunte Farbpalette und die kulissenartigen kleinen Gebäude und Plätze, die den Gemälden eine seltsam unwirkliche Atmosphäre verleihen.

Bild 8
Die sieben Werke der Barmherzigkeit
(1504)
Meister von Alkmaar
(tätig um 1500)
Holz
120 x 472 cm
Amsterdam Rijksmuseum

Die Hungrigen speisen　　*Den Durstigen zu trinken geben*　　*Die Nackten bekleiden*

Die Barmherzigen in den sieben Szenen sind meist reiche Bürgerinnen und Bürger, wie an der vornehmen Kleidung und den repräsentativen Häusern zu erkennen ist. Die in Not Geratenen tragen dagegen zerrissene Gewänder und leiden an vielerlei körperlichen Gebrechen. Im Gefängnis wird einer der Insassen geschlagen, ein anderer ist in unbequemer Haltung angekettet. Die Besucher bieten dem Folterknecht Geld, damit er sein grausames Tun einstellt. Möglicherweise wollen sie den Gefangenen aber auch auslösen.

In fünf der sieben Bilder steht Christus unter den Armen und verfolgt interessiert das Geschehen, ein Hinweis auf seine eigenen Worte: „Was immer ihr für einen meiner Brüder getan habt – und wäre er noch so geringgeachtet gewesen – , das habt ihr für mich getan" (Matthäus 25,40).

Besonders bemerkenswert ist die mittlere Tafel. Neben dem Motiv der Bestattung der Toten zeigt sie das Jüngste Gericht. Während entsprechend den Gebräuchen in spätmittelalterlichen Städten hier nicht Bürger, sondern Bettelmönche das barmherzige Werk vollbringen, sitzt Christus über dieser Szene auf einem Regenbogen, dem Symbol der Verheißung an die Menschen nach der Sintflut (1.Mose 9, 11-17) und gleichzeitig Sinnbild für die Gegenwart Gottes (Ezechiel/Hesekiel 1,28 und Offenbarung 4,3). Seine Füße hat der Weltenrichter auf eine Kugel gestützt, die den Kosmos symbolisiert. In den Wolken erscheinen seitlich die Halbfiguren von Maria und Johannes dem Täufer. Als Fürsprecher bitten sie um Gnade für die Menschen.

Notname: Bezeichnung für einen Künstler, dessen Name unbekannt ist. Er wird meist nach seinem Wohnort, dem Aufbewahrungsort oder dem Titel seines bekanntesten Werkes festgelegt.

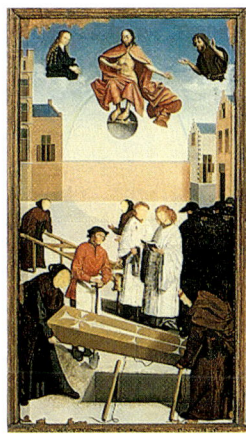

Die Toten bestatten

Die Obdachlosen beherbergen

Die Kranken pflegen

Die Gefangenen besuchen

DIE WERKE DER BARMHERZIGKEIT 2

Wegen ihres ungeschminkten Realismus, der gar nicht den Kunstidealen der Zeit entsprach, waren die Bilder des römischen Malers Michelangelo Merisi, genannt Caravaggio, bei seinen Zeitgenossen umstritten. Dabei ließen ihn ungewöhnliche Kompositionen und raffinierte Hell-Dunkel-Effekte zu einem der wichtigsten Vorbilder der barocken Malerei werden.

1607 malte Caravaggio für den Hauptaltar der Kirche der mildtätigen Bruderschaft des Monte della Misericordia in Neapel ein Bild, in dem er alle sieben Werke der Barmherzigkeit zusammenfaßte. Schauplatz der guten Taten ist eine dunkle, enge Gasse.

In der linken Bildhälfte trinkt ein durstiger Mann aus einer Eselskinnlade. Dieses Motiv entnahm Caravaggio der alttestamentlichen Erzählung von Simson, den Gott nach einem Sieg über die Philister vor dem Verdursten rettete (Richter 15,18f.). Davor wird ein Pilger mit Wanderstab und Jakobsmuschel am Hut von einem Mann in eine Herberge gewiesen.

Im Vordergrund teilt ein gut gekleideter Jüngling nach dem Vorbild des heiligen Martin seinen Mantel, um mit der einen Hälfte einen nahezu nackten Bettler zu bekleiden. Eine weitere, nur schwer erkennbare Gestalt, die links daneben im Dunkeln liegt, stellt wohl einen Kranken dar, der von einem fast vollständig verdeckten Mann besucht wird.

In der rechten Bildhälfte reicht eine bäuerlich gekleidete junge, Frau einem alten Mann durch das Gitter des Kerkerfensters eine Brust dar. Der Blick über die Schulter verrät ihre Furcht vor Entdeckung, während der Alte gierig seinen

Hunger stillt. Dies ist das antike Motiv der ‚Caritas Romana' (‚Römische Nächstenliebe'): Der Legende nach ernährte Pero ihren zum Hungertod im Kerker verurteilten Vater Cimon mit der Milch ihrer Brüste. Damit faßte Caravaggio die Motive der Speisung der Hungrigen und den Besuch der Gefangenen zusammen.

Das siebte gute Werk, die Bestattung, ist rechts an der hinteren Ecke des Gefängnisses zu sehen. Ein Toter wird gerade weggetragen. Ein Priester, der die Szene mit einer Fackel beleuchtet und ein Gebet singt, begleitet den Verstorbenen.

Über den Menschen schweben zwei Engel, die einen Flugreigen auszuführen scheinen. Ihre weit ausschwingenden Flügel und die herumwirbelnden Tücher fassen ein Fenster ein, durch das Maria und der Jesusknabe aus dem Himmel auf die Gasse herunterblicken. Beide tragen keinen Heiligenschein. Das Erscheinen der Gottesmutter in einem solchen Zusammenhang ist ungewöhnlich, sie verkörpert hier aber die Mutter der Barmherzigkeit. Die Vorstellung von Maria, die sich in mütterlicher Liebe zu den Gläubigen herabneigt und ihnen in ihrer Angst vor dem Weltgericht Trost spendet, war um 1600 tief im Glauben verwurzelt. So darf die volkstümliche Charakterisierung Mariens durch Caravaggio als Zeichen seiner tiefen Verbundenheit mit ihr gesehen werden.

Bild 9
Die sieben Werke der Barmherzigkeit
(1607), Caravaggio (1573-1610)
Öl/Leinwand, 390 x 260 cm, Neapel
Chiesa del Monte della Misericordia

DAS GLEICHNIS VOM BARMHERZIGEN SAMARITER 1

Als Antwort auf die Frage eines jüdischen Gesetzeslehrers: ‚Wer ist denn mein Mitmensch?‘ erzählt Jesus das Gleichnis vom Barmherzigen Samariter.

„Ein Mann ging von Jerusalem nach Jericho hinab. Unterwegs wurde er von Wegelagerern überfallen. Sie plünderten ihn bis aufs Hemd aus, schlugen ihn zusammen und ließen ihn halbtot liegen; dann machten sie sich davon. Zufällig kam ein Priester denselben Weg herab. Er sah den Mann liegen, machte einen Bogen um ihn und ging weiter. Genauso 'verhielt sich' ein Levit (...). Schließlich kam ein Reisender aus Samarien dort vorbei. Als er den Mann sah, hatte er Mitleid mit ihm. Er ging zu ihm hin, goß Öl und Wein auf seine Wunden und verband sie. Dann setzte er ihn auf sein eigenes Reittier, brachte ihn in ein Gasthaus und versorgte ihn 'mit allem Nötigen'. Am nächsten Morgen nahm er zwei Denare 'aus seinem Beutel' und gab sie dem Wirt. ‚Sorge für ihn!‘ sagte er. ‚Und sollte das Geld nicht ausreichen, werde ich dir den Rest bezahlen, wenn ich auf der Rückreise hier vorbeikomme.‘“

„Was meinst du?“ 'fragte Jesus den Gesetzeslehrer'. „Wer von den dreien hat an dem, der den Wegelagerern in die Hände fiel, als Mitmensch gehandelt?“ Er antwortete: „Der, der Erbarmen mit ihm hatte und ihm geholfen hat.“ Da sagte Jesus zu ihm: „Dann geh und mach es ebenso!“ Lukas 10,30-37

Die Gegensätzlichkeit der von Jesus genannten Personen hätte für einen Juden nicht größer sein können: auf der einen Seite ein Priester und ein Levit, die beide achtlos an dem Verletzten vorübergehen, weil sie die mit der Hilfe verbundenen Umstände scheuen und nicht an ihm unrein werden wollen, und auf der anderen Seite ein von den Juden verachteter Samariter, der das Gebot der Nächstenliebe an dem Fremden erfüllt.

Die altchristlichen Kirchenlehrer sahen in dem Barmherzigen Samariter Jesus selbst, der den Menschen zu Hilfe kommt und sie in die Kirche führt. Bis ins Mittelalter wurde deshalb der Samariter häufig als Christus mit Heiligenschein dargestellt. Erst seit dem 16. Jahrhundert erscheint er mehr und mehr als vornehmer Mann in orientalischer Tracht.

Van Gogh malte sein Bild des Barmherzigen Samariters mit dem leidenschaftlichen Pinselduktus und in den leuchtenden Farben, die für ihn charakteristisch sind.

Vor der Kulisse einer dramatisch aufragenden Felsenlandschaft schlängelt sich in der linken Bildhälfte ein schmaler Weg den mit dicken gelben Strichen gemalten Hang hinauf. Auf diesem Pfad eilen der Priester und der Levit davon. Links am Wegrand liegen eine leere Holztruhe und ein Stück Tuch, welche die Räuber zurückgelassen haben.

Der orientalisch gekleidete Samariter hat Mühe, den halbnackten Verwundeten auf sein Pferd zu heben. Dieser umklammert mit dem rechten Arm den Hals seines Retters, während er sich mit der Linken mühsam an dessen Schulter abzustützen versucht.

Bild 10
Der Barmherzige Samariter *(Mai 1890)*
Vincent van Gogh (1853-1890)
Öl/Leinwand, 73 x 60 cm
Otterlo, Rijksmuseum Kröller-Müller

Pinselduktus: Die Struktur im Bild, die
durch Auf- und Absetzen des Pinsels und
durch den Handzug des Malers entsteht.

Jan van Scorel war Mitte des 16. Jahrhunderts einer der angesehensten und einflußreichsten niederländischen Maler. Bei einem mehrjährigen Aufenthalt in Italien lernte er die Kunst der dortigen Meister kennen. Nach seiner Rückkehr 1524 löste sich Jan van Scorel von der alten handwerklichen Tradition und führte in Utrecht ein großes Unternehmen mit zahlreichen Gehilfen. Einer von ihnen hat wohl diesen ‚Barmherzigen Samariter' geschaffen.

In einer vielfach gestaffelten, weit in die Tiefe reichenden Landschaft spielen sich unter einem wolkenverhangenen Himmel mehrere Ereignisse zugleich ab. Der Levit und der Priester, die ohne Hilfe zu leisten an dem Verwundeten vorbeigezogen sind, entfernen sich rasch. Der Levit wendet sich noch einmal um, der Priester hat schon den linken Bildrand erreicht. Etwas weiter oben verschwinden bewaffnete Männer – wohl die Räuber – im Wald.

Vor einem knorrigen Baum gießt der Samariter dem Verwundeten Öl und Wein auf die stark blutenden Wunden. Der wohlhabende Mann trägt bunte, aufwendig gefertigte Kleider, und auch Sattel und Zaumzeug seines Pferdes sind reich verziert. Der Verletzte macht einen mitleiderregenden Eindruck. Seine Körperhaltung und das verzerrte Gesicht zeigen, daß er große Schmerzen hat.

Erstaunlich ist die große Ähnlichkeit des Verletzten mit dem überlieferten Typus des vom Kreuz abgenommenen Christus. Besonders die Gesichtszüge und die Bekleidung mit einem Lendentuch entsprechen dem aus vielen Beweinungsbildern bekannten Vorbild. Die bis ins Mittelalter gültige Auffassung, daß der Samariter

Jesus sei, ist damit ins Gegenteil verkehrt worden. Hier ist Jesus selbst in Not geraten, und an ihm ist das Werk der Barmherzigkeit zu vollziehen. Ebenso wie in Bild 8 kann dies als Hinweis auf das Wort Jesu gedeutet werden: „Was immer ihr für einen meiner Brüder getan habt – und wäre er noch so geringgeachtet gewesen –, das habt ihr für mich getan" (Matthäus 25,40).

Im Mittelgrund sind die beiden Hauptfiguren des Gleichnisses noch ein zweites Mal zu sehen: Der Samariter hat den Verwundeten vor sich auf sein Pferd gesetzt und reitet hinter dem Leviten her. Am rechten Bildrand erhebt sich die Herberge. Die Größe des Gebäudes, seine architektonische Gliederung und auch der hohe Turm lassen jedoch eher an eine Kirche denken. Dies entspricht der bereits erwähnten älteren Auslegung, wonach Christus der Samariter ist, der den Menschen in die Kirche zurückführt.

Vor der Herberge ist das Ende der Geschichte dargestellt. Zwei Knechte tragen den Verletzten die Treppe hinauf, während der Samariter dem Herbergsvater wenige Schritte davon entfernt Geld in die Hand drückt.

Bild 11 **Der Barmherzige Samariter**
(undatiert)
Anonym, Umgebung Jan van Scorel
Öl/Holz, 100,3 x 70,7 cm
Brügge, Memlingmuseum

Beweinungsbilder: Sie stellen die Beweinung des toten Christus durch Maria dar und durch Frauen und Männer aus seiner Jüngerschaft, die ihm treu geblieben sind.

Im 16. Jahrhundert entstehen eine Reihe von Gemälden mit detailreichen Weltlandschaften, in denen biblische Themen nur eine Nebenrolle spielen (vergleiche Bild 3), darunter auch das Gleichnis vom Samariter. Eines der frühesten Werke dieser Art stammt von einem niederländischen Künstler, dessen vollständiger Name in Vergessenheit geriet. Man gab ihm deshalb einen Beinamen, der sich auf eine kleine Eule bezieht, die sich in vielen seiner Bilder findet: ‚Herri met de Bles‘. Er hatte sich vor allem auf Weltlandschaften mit biblischen Themen und auf Gemälde mit Genremotiven spezialisiert.

Die Szenerie seines Bildes vom Barmherzigen Samariter staffelt sich von links vorne bis weit in die Tiefe. Dort windet sich auf der rechten Bildseite ein Flußlauf durch die hügelige Landschaft. Eine wild zerklüftete Gebirgsformation in der Mitte, auf deren Gipfel sich Gebäude um eine Kirche mit Kuppel drängen, zieht das Auge des Betrachters auf sich. Erst bei genauerem Hinschauen bemerkt man, daß sich das biblische Geschehen in der unteren Bildhälfte abspielt.

Am vorderen Bildrand links versorgt der Samariter auf einer Wiese den Verwundeten, dem nur noch ein Lendentuch geblieben ist. Beide sind den Hauptfiguren des Schülers von Jan van Scorel (siehe Bild 11) sehr ähnlich. Links setzt ein dunkel gekleideter Jude seinen Weg in den Wald hienein fort. in der rechten unteren Bildecke reiten der Samariter und der Überfallene zusammen auf dem Esel zur Herberge. Dort gibt der Samariter dem Wirt Anweisungen und verabschiedet sich.

Der steile Pfad, der auf den Berg in der Mitte führt, ist wohl als Hinweis auf den schmalen Weg der Tugend zu verstehen, dem einzigen, auf dem der Mensch ins Himmelreich gelangen kann (Matthäus 7,13-14). Demnach sind die Gebäude auf dem Gipfel als das himmlische Jerusalem zu deuten.

> Genre: Gattung der Malerei, die Szenen aus dem Alltagsleben der Bauern, des Bürgertums oder des Adels zeigt. Die Genremalerei ist häufig mit religiösen Inhalten oder moralischen Ermahnungen verbunden. Die ersten eigenständigen Genrebilder entstanden um 1500. Vor dieser Zeit war das alltägliche Leben nur am Rande Gegenstand künstlerischer Darstellung.

Bild 12
Landschaft mit Barmherzigem Samariter *(um 1540)*
Herri met de Bles (um 1510 - ca. 1550)
Öl/Holz, 29 x 42 cm
Wien, Kunsthistorisches Museum

Zu Rembrandt Harmensz. van Rijn siehe auch die Bilder 1, 4, 29 und 54.

Rembrandt hat in seiner Interpretation des Themas auch alltäglichen Dingen große Aufmerksamkeit geschenkt, die keinen unmittelbaren Bezug zur biblischen Erzählung haben. So hat der Künstler etwa den heruntergekommenen Zustand der Gebäude genau herausgearbeitet.

Anders als Herri met de Bles und der Maler aus der Werkstatt von Jan van Scorel stellt Rembrandt nicht die ganze Geschichte vom Barmherzigen Samariter dar.

Ein Knecht hebt den halbnackten Verletzten vom Pferd, das ein Junge am Zügel hält. Die Ankunft des Samariters bricht in den geruhsamen Alltag des Herbergsbetriebs ein: Ein Mann schaut aus dem Fenster ganz links, während eine Frau Wasser aus dem Brunnen holt und ein Hund im Vordergrund sein Geschäft verrichtet.

Entgegen der biblischen Erzählung reist der Samariter in Rembrandts Radierung gleich wieder ab: Am Eingangstor zum Gasthaus gibt der sichtlich Beleibte dem Herbergsvater gerade noch die Anweisung, für den Verletzten zu sorgen. Die beiden Silbermünzen hat der nicht sonderlich erfreut dreinblickende Gastwirt bereits erhalten und steckt sie in seine Geldbörse.

Bild 13
Der Barmherzige Samariter läßt den Verwundeten in eine Herberge tragen *(1633)*
Rembrandt Harmensz. van Rijn (1606-1669)
Radierung, 25,4 x 20,3 cm

VOM RECHTEN GLAUBEN

Immer wieder belehrt Jesus seine Anhänger und Zuhörer darüber, daß der vorbehaltlose Glaube an Gott im Mittelpunkt ihres Lebens stehen müsse. Er fordert sie auf, sich nicht mit Zweifeln und Sorgen zu beladen, sondern ganz auf Gott zu vertrauen. Mehrmals verweist Jesus auf die Unschuld und den festen Glauben der Kinder, die er sogar den ‚kleingläubigen' Jüngern als leuchtendes Vorbild vor Augen hält.

Die Zuhörer Jesu konnten den Sinn seiner Worte jedoch nicht immer auf Anhieb erfassen. So erging es auch dem Pharisäer Nikodemus, von dem auf den folgenden Seiten die Rede sein soll.

Die Künstler haben sich nur selten mit der Frage des rechten Glaubens beschäftigt und sich vor allem auf drei Themen aus diesem Bereich beschränkt: ‚Christus im Haus von Maria und Martha', die ‚Segnung der Kinder' und das ‚Gleichnis vom breiten und vom schmalen Weg', das ein verbreitetes Motiv insbesondere für Bilder der häuslichen Andacht wurde.

CHRISTUS SPRICHT IN DER NACHT MIT NIKODEMUS

Einer der führenden Männer des jüdischen Volkes, ein Pharisäer namens Nikodemus, suchte Jesus einmal bei Nacht auf. „Rabbi", sagte er zu ihm, „wir wissen, daß du ein Lehrer bist, den Gott gesandt hat. Denn niemand kann solche Wunder tun wie du, wenn Gott nicht mit ihm ist."
Jesus entgegnete: „Ich sage dir: Wenn jemand nicht von neuem geboren wird, kann er das Reich Gottes nicht sehen." „Wie kann ein Mensch, wenn er alt geworden ist, 'noch einmal' geboren werden?" wandte Nikodemus ein. (...) Jesus erwiderte: „Ich sage dir eins: Wenn jemand nicht aus Wasser und Geist geboren wird, kann er nicht ins Reich Gottes hineinkommen. Natürliches Leben bringt natürliches Leben hervor; geistliches Leben wird aus dem Geist geboren. 'Darum' sei nicht erstaunt, wenn ich dir sage: Ihr müßt von neuem geboren werden(...)"
„Aber wie kann das geschehen?" fragte Nikodemus. „Du als Lehrer Israels weißt das nicht?" entgegnete Jesus, „Ich will dir etwas sagen: Wir reden von Dingen, die wir kennen; das, was wir bezeugen, haben wir gesehen. Wir bezeugen es, aber ihr nehmt es nicht an. Und da ihr 'mir' nicht einmal glaubt, wenn ich über die irdischen Dinge zu euch rede, wie werdet ihr 'mir' dann glauben können, wenn ich über die himmlischen Dinge zu euch rede? Es ist noch nie jemand in den Himmel hinaufgestiegen; der einzige, der dort war, ist der, der aus dem Himmel herabgekommen ist – der Menschensohn." Johannes 3,1-13

> Rabbi: Hebräisch ursprünglich ‚Herr', später ‚Meister' oder ‚Lehrer'. Jesus wurde in den Evangelien mehrfach so bezeichnet.

Der Schriftgelehrte und Ratsherr Nikodemus wird nur im Johannes-Evangelium genannt. Theologen sahen in ihm einen für die Lehre Christi empfänglichen Juden. Die übertragene Bedeutung der Wiedergeburt habe der Pharisäer jedoch nicht erkennen können und deshalb nicht zum vollen Glauben gefunden. Nikodemus stellt sich dennoch später öffentlich auf die Seite Jesu und tritt im Hohen Rat für ihn ein (Johannes 7,50-51). Er hilft darüber hinaus bei der Kreuzabnahme und spendet zur Grablegung Myrrhe und Aloe (Johannes 19,39).

Der Maler und Graphiker Karl Caspar gilt als einer der wichtigsten Erneuerer der religiösen Kunst im 20. Jahrhundert, in dessen Werk sich christliche Themen mit dem Expressionismus verbinden. Da seine Gemälde nicht den damaligen Vorstellungen von ‚frommen' Bildern entsprachen, stieß er in der Kirche nur auf wenig Verständnis für seine Kunst. Nach dem Ersten Weltkrieg fand Caspar breite Anerkennung und wurde 1922 als Professor an die Münchner Akademie berufen. 1937 mußte er jedoch auf Betreiben der Nationalsozialisten aus seinem Amt ausscheiden, seine Kunst galt im Dritten Reich als ‚entartet'.

Jesus und Nikodemus führen ihr Gespräch vor einem offenen Fenster, das den Blick auf den dunkelblauen Nachthimmel freigibt. Zwischen Wolkenfetzen zeigt sich der fahle Vollmond.

Bild 14
Nachtgespräch *(1924)*
Karl Caspar (1879-1956)
Öl/Leinwand, 77 x 96 cm, Privatbesitz

Hoch aufgerichtet erklärt Jesus dem Pharisäer seine Lehre. Das Gesicht Christi strahlt Weisheit und Ruhe aus, sein Blick richtet sich in die Ferne. Mit aufgestütztem Kopf hört ihm Nikodemus zu und versucht den Sinn seiner Worte zu fassen.

Karl Caspar hat in dieser biblischen Szene sich selbst und seinen damals schon verstorbenen Schwager Eugen Filser porträtiert, der sich als Pfarrer eingehend mit der neuen Art, religiöse Motive zu malen, befaßt hatte.

Karl Caspar zeigt demnach in seinem Gemälde ,Nachtgespräch' zwei Motive: Jesus und Nikodemus sprechen über Glaubensfragen, Pfarrer Filser und der Künstler über Probleme der Darstellung christlicher Themen in der Kunst.

> Expressionismus: Kunstrichtung, die um 1900 aus dem Bestreben heraus entstand, geistige Ideen und Seelenzustände des Künstlers zum Ausdruck zu bringen. Auf eine realistische Wiedergabe von Formen und Farben wurde deshalb verzichtet. Die Bezeichnung leitet sich vom französischen ,expression' (Ausdruck) ab. Als die wichtigsten Vorreiter des expressionistischen Stils gelten Edvard Munch und Vincent van Gogh. Die deutschen Künstlergruppen ,Die Brücke' und ,Der Blaue Reiter' sowie ,Les Fauves' aus Frankreich beeinflußten die Kunst des 20. Jahrhunderts nachhaltig.

CHRISTUS IM HAUS VON MARIA UND MARTHA 1

Als Jesus mit seinen Jüngern weiterzog, kam er in ein Dorf, wo ihn eine Frau mit Namen Martha 'in ihr Haus' einlud. Sie hatte eine Schwester, die Maria hieß. Maria setzte sich dem Herrn zu Füßen und hörte ihm zu. Martha hingegen machte sich viel Arbeit, um für das Wohl ihrer Gäste zu sorgen. Schließlich stellte sie sich vor Jesus hin und sagte: „Herr, findest du es richtig, daß meine Schwester mich die ganze Arbeit allein tun läßt? Sag ihr doch, sie soll mir helfen!" „Martha, Martha", erwiderte der Herr, „du bist wegen so vielem in Sorge und Unruhe, aber notwendig ist 'nur' eines. Maria hat das Bessere gewählt, und das soll ihr nicht genommen werden." Lukas 10,38-42

Die oben genannten Frauen verkörpern die beiden gegensätzlichen christlichen Lebensprinzipien. Martha ist ein Beispiel für die ‚Vita activa', den praktischen Umgang mit den diesseitigen Dingen, der auch die Hilfe für den Nächsten einschließt; Maria hingegen steht für die ‚Vita contemplativa', den Rückzug aus der Welt und die völlige Hinwendung zu Gott. Wegen der Namensgleichheit wird angenommen, es handele sich bei den beiden Frauen um die Schwestern des Lazarus (Johannes 11,19).

Zu Tintoretto siehe auch Bild 55.

Tintoretto war in der zweiten Hälfte des 16. Jahrhunderts der bekannteste Maler Venedigs und gilt als ein Hauptvertreter des Manierismus. Seine Berühmtheit verdankt er der Eigenwilligkeit seiner Kompositionen, der extremen Tiefenwirkung und fahlen Farbigkeit seiner Bilder.

Die beiden Schwestern Maria und Martha sind wohlhabend. Sie bewohnen ein reich ausgestattetes, geräumiges Haus, tragen kostbaren Schmuck und Kleider aus edlen Stoffen. Jesus und Maria haben sich vor dem Tisch niedergesetzt. Martha ist von hinten zu den beiden getreten, um sich darüber zu beklagen, daß Maria ihr bei der Arbeit nicht helfe.

Die Körper von Maria, Martha und Jesus umschließen einen Kreis, der leer ist bis auf die Hände der Beteiligten. Diese kommen dadurch wirkungsvoll zur Geltung. Martha weist mit vorwurfsvoll vorgestrecktem Zeigefinger auf Maria, die ihrerseits mit einer nach innen gekehrten, halb geschlossenen Hand zeigt, daß sie den Worten Jesu aufmerksam lauscht. Die Lichtführung ist raffiniert: Die Lichtquelle links hinter Jesus beleuchtet nur Maria vollständig; Martha beugt sich lediglich mit dem Oberkörper in den hellen Strahl hinein und die Hände und das Gesicht Jesu liegen ganz im Schatten.

Während der Beschwerde Marthas hält Jesus in seinen Belehrungen inne. Auch die Bewegung der Hände, mit denen er seine Worte verdeutlicht hat, ist mitten in einer Geste unterbrochen. Bevor er ihr antwortet, hört er Martha nachdenklich mit geschlossenen Augen zu.

Manierismus: Bezeichnung für die Spätrenaissance etwa zwischen 1520 und 1600. Typisch für diesen Stil ist der bewußte Verstoß gegen die auf Harmonie abzielenden Gestaltungsprinzipien der Renaissance. Charakteristisch sind überlängte Figuren in gezierter Haltung, eine sehr große Tiefenwirkung sowie außergewöhnliche Farben und Lichteffekte.

Bild 15 **Christus bei Maria und Martha** *(um 1580)*
Jacopo Robusti, genannt Tintoretto (1518-1594)
Öl/Leinwand, 200 x 132 cm, München, Alte Pinakothek

CHRISTUS IM HAUS VON MARIA UND MARTHA 2

Der in Amsterdam und Antwerpen tätige
Maler Pieter Aertsen wurde insbesondere
durch Küchenstücke, Marktszenen und
derb-realistische Bauernbilder berühmt.
Auch seine Darstellung ‚Christus im
Haus von Maria und Martha' verbindet
der Maler mit einem Küchenstück.

Auf mehreren Tischen sind in der Art
eines Stillebens Obst, Gemüse, Kräuter,
Käse und ein gerupfter Vogel ausge-
breitet. Ein Suppentopf, Geschirr, Gläser
und Tücher liegen ebenfalls bereit. Das
Auge des Betrachters wird so zunächst
von brillant gemalten Alltagsgegenständen gefangen genommen. Die weiße
Lilie in der prächtigen Vase symbolisiert
die Reinheit der Gottesmutter Maria.
Dagegen gelten die Nelken wegen der
Ähnlichkeit ihrer Blüten mit Nägeln als
Sinnbild der Passion Jesu.

Eine unmittelbar einleuchtende Erklärung für die beiden Personengruppen, die
sich im Bereich der Küche aufhalten, gibt
es nicht. Mehrere Männer und Frauen,
die sich vor einem großen Kamin mit
hebräischer Inschrift versammelt haben,
scheinen sich weltlichen Freuden hinzu-
geben. Sie denken wohl an ihr körper-
liches Wohlbefinden und vergessen dabei
Gottes Gebote. Ein alter Mann hat sich
mit einem Krug in der Hand zurück-
gelehnt und sein linkes Bein hochgelegt.
Eine Frau kniet neben ihm und eine
zweite ist herangetreten und weist auf
Geschirr und Besteck, das unordentlich
auf dem Boden verstreut liegt. Auch die
drei Personen am linken Bildrand sind
ganz mit sich selbst beschäftigt.

Während die im Bildvordergrund ausgebreiteten Dinge vergängliche Güter
symbolisieren, die für die unermüdlich

arbeitende Martha wichtig sind, geht die
Aussage des Motivs im Hintergrund über
das Irdische hinaus. Dort richtet Jesus
belehrende Worte an mehrere Zuhörer,
die sich um ihn geschart haben.

Zwischen ausgestreuten Blumen sitzt
Maria mit erhobenen Händen vor Jesus.
Martha steht ihrer Schwester gegenüber
und beklagt sich darüber, daß Maria ihr
die ganze Arbeit allein überlasse. Jesus
entgegnet aber, daß ihr Vorwurf nicht

*Bild 16 **Christus bei Maria und Martha** (1553), Pieter Aertsen (1508/09-1575)*
Öl/Leinwand, 126 x 200 cm, Rotterdam, Museum Boymans – van Beuningen

berechtigt sei. Denn während Martha
ihrer Arbeit nachging, hat Maria aufmerksam den Worten Jesu gelauscht.

Die zwei Steinreliefs zwischen den Arka-
denbögen zeigen die beiden Brüder, die
dem Volk Israel das Alte Gesetz über-
brachten: Mose mit den Gesetzestafeln
und Aaron, den ersten Hohepriester des
Alten Bundes mit einem Weihrauchfaß.

Küchenstück: Darstellung eines Küchen-
raumes mit Gegenständen und Speisen,
die wie in einem Stilleben arrangiert sind.
Dazu gehören auch Bedienstete, die ihre
Tätigkeit demonstrativ vorführen. Die
meisten Küchenstücke entstanden in den
Niederlanden. Die Wiedergabe solch all-
täglicher Motive hat zumeist einen moralischen Sinn. Sie richtet sich gegen die
Verführbarkeit der menschlichen Sinne.

CHRISTUS IM HAUS VON MARIA UND MARTHA 3

Der spanische Maler Diego Velázquez legte schon mit achtzehn Jahren die Meisterprüfung vor der Malergilde von Sevilla ab. Zu Beginn seiner Laufbahn malte er vornehmlich Stilleben und einfache Menschen aus dem Volk. Nach der Ernennung zum Hofmaler des spanischen Königs im Jahr 1623 beschäftigte sich der Künstler dann vor allem mit Portraits.

Als Neunzehnjähriger schuf er diese Küchenszene. Neben einem einfachen Tisch, auf dem zwei Teller mit Fischen und Eiern, ein Krug, mehrere Knoblauchknollen und eine Paprikaschote arrangiert sind, sitzen eine alte Frau und eine junge Magd. Das Mädchen zerkleinert gedankenverloren etwas mit einem Stößel im Mörser – ein beliebtes Symbol für weltliche Gedanken – und blickt dabei den Betrachter an. Die alte Frau hinter ihr neigt sich stirnrunzelnd nach vorne, um die Magd zu ermahnen. Mit dem Finger zeigt sie nach rechts, wo an der kahlen Küchenwand ein Bild zu hängen scheint. Tatsächlich öffnet sich aber in der Wand ein Durchblick in den Wohnraum des Hauses, wo Jesus in einem Holzsessel sitzt. Zu seinen Füßen kauert die nachdenklich zu ihm aufblickende Maria, und hinter ihr wendet sich Martha mit einer Geste ihrer Hand an Jesus.

Diese geschickte Verbindung einer alltäglichen mit einer biblischen Szene erinnert an niederländische Küchenstücke (vergleiche Bild 16), kennt darüber hinaus aber keinerlei Vorbilder. Auch dieses Gemälde soll zu gottgefälligem Leben ermuntern: Die Alte fordert die junge Magd auf, über der Hausarbeit und ihren abschweifenden Gedanken das Wort Gottes nicht zu vergessen.

Bild 17
Küchenszene mit Jesus im Haus von Maria und Martha *(1618)*
Diego Velázquez (1599-1660)
Öl/Leinwand, 60 x 103,5 cm
London, National Gallery

DER RANGSTREIT DER JÜNGER

In jener Zeit kamen die Jünger zu Jesus und fragten: „Wer ist eigentlich der Größte im Himmelreich?" Jesus rief ein Kind, stellte es in ihre Mitte und sagte: „Ich versichere euch: Wenn ihr nicht umkehrt und wie die Kinder werdet, könnt ihr nicht ins Himmelreich kommen. Darum: Wer sich selbst erniedrigt 'und' wie dieses Kind 'wird', der ist der Größte im Himmelreich. Und wer solch ein Kind um meinetwillen aufnimmt, der nimmt mich auf." Matthäus 18,1-5 (auch bei Markus 9,33-37)

Die Jünger gehen von irdischen Vorstellungen aus und glauben, daß auch im Himmelreich das menschliche Geltungsbedürfnis noch wichtig sei. Jesus aber verlangt von ihnen vor allem Bescheidenheit. Niemand könne vor Gott bestehen, deshalb müsse sich ihm jeder vorbehaltlos anvertrauen. Beispielhaft sind in seinen Augen die Kinder, weil es unter ihnen keine Streitereien um die eigene Position gebe. Eine ähnliche Hochschätzung Jesu für das kindliche Wesen, das sich die Jünger zum Vorbild machen sollen, äußert sich auch bei der ‚Segnung der Kinder' (Siehe Bild 4).
Der Rangstreit der Jünger wurde von den Künstlern nur sehr selten aufgegriffen.

Der überwiegend in Wien tätige Maler Franz Christoph Janneck hat das biblische Geschehen in eine mediterrane Landschaft verlegt. Die Ruine eines antiken Gebäudes, die fast die gesamte linke Bildhälfte einnimmt, ist wohl als Symbol des Alten Bundes zwischen Gott und dem Volk Israel zu verstehen. Jetzt verfällt dieses Haus, dessen frühere Pracht durch die verbliebenen Ausstattungsstücke besonders hervorgehoben wird: eine Statue, der untere Teil eines reliefgeschmückten Sarkophags und eine Ziervase auf dem Dach.

Jesus, der hell erleuchtet vor der Ruine steht, belehrt seine Jünger darüber, daß die irdische Rangordnung im Himmelreich nicht gilt. Während sich zahlreiche Mütter mit ihren Kindern um Jesus geschart haben, stellt er zur Verdeutlichung seiner Erklärung eines von ihnen auf einen Steinquader. Er legt ihm die eine Hand auf die Schulter, mit der anderen weist er zum Himmel hinauf.

Nur drei Jünger halten sich in unmittelbarer Nähe ihres Meisters auf. Die anderen gehören den Gruppen an, die sich etwas abseits gebildet haben. Im Hintergrund kümmern sich zwei um eine Frau und ein Kind, auf der rechten Seite wendet sich einer mit sprechender Gebärde an die Hirten und links vorne diskutieren zwei über die neugewonnene Einsicht.

Bild 18
Wenn ihr nicht werdet wie die Kinder *(undatiert)*
Franz Christoph Janneck (1703-1761)
Öl/Leinwand, 108,5 x 102,5 cm
Karlsruhe, Kunsthalle

DAS GLEICHNIS VON DEN LILIEN AUF DEM FELD

„Und warum macht ihr euch Sorgen um eure Kleidung? Seht euch die Lilien auf dem Feld an und lernt von ihnen! Sie wachsen, ohne sich abzumühen und ohne zu spinnen 'und zu weben'. Und doch sage ich euch: Sogar Salomo in all seiner Pracht war nicht 'so schön' gekleidet wie eine von ihnen. Wenn Gott die Feldblumen, die heute blühen und morgen ins Feuer geworfen werden, so 'herrlich' kleidet, 'wird er sich dann' nicht erst recht 'um' euch 'kümmern', ihr Kleingläubigen? (...)
Es soll euch zuerst um Gottes Reich und Gottes Gerechtigkeit gehen, dann wird euch das 'übrige' alles dazugegeben. Macht euch keine Sorgen um den nächsten Tag! Der nächste Tag wird für sich selbst sorgen. Es genügt, daß jeder Tag seine eigene Last mit sich bringt." Matthäus 6,28-34

Zu Maerten I. van Valckenborch siehe auch Bild 40.

Maerten I. van Valckenborch kam in der flandrischen Stadt Löwen zur Welt und entstammte einer Familie, die im 16. und 17. Jahrhundert zahlreiche Künstler hervorgebracht hat. 1566 mußte van Valckenborch wegen seines protestantischen Glaubens aus seiner Heimat fliehen. Er ließ sich in Frankfurt am Main nieder, wo er 1586 das Bürgerrecht erhielt.

Das ‚Gleichnis von den Lilien auf dem Feld' gehört zum selben Zyklus von Monatsbildern wie das Gemälde ‚Christus verteidigt das Ährenausraufen am Sabbat' (Bild 40). In jedem der zwölf Gemälde dieser Folge hat der Künstler die Arbeiten der Bauern festgehalten, die für den betreffenden Monat charakteristisch sind. Parallel dazu wählte er ein zur Jahreszeit passendes Gleichnis Jesu oder ein Ereignis aus dem Neuen Testament aus und fügte das entsprechende Tierkreiszeichen ein.

Im vorliegenden Bild ist das Zeichen der Zwillinge oben in der Mitte zu sehen. Im Mittelgrund liegt, in eine weite, hügelige Landschaft eingebettet, ein wehrhaftes Wasserschloß, zu dem ein Weg über eine steinerne Brücke führt. Rechts erhebt sich ein stattliches Wirtschaftsgebäude mit hohen Fenstern.

Jesus hat seine Jünger unter einer knorrigen Eiche um sich geschart. Indem er auf die vielen verschiedenen Blumen in der Wiese zu seinen Füßen zeigt, fordert der Meister seine Jünger auf, zuversichtlich im Vertrauen auf Gott zu leben.

Monatsbilder: Darstellungen der typischen Arbeiten der Bauern und Handwerker, wie sie den einzelnen Monaten des Jahres entsprechen. Die Vergnügungen des Adels finden sich als Motive eher selten. Meist werden auch die Tierkreiszeichen in den Bildzyklus aufgenommen. Monatsbilder sind seit frühchristlicher Zeit bekannt. Im Mittelalter sind sie im Zusammenhang mit Kalenderdarstellungen zumeist in der Buchmalerei, aber auch als Bild- und Skulpturfolgen in vielen Kirchen anzutreffen.

Bild 19
Das Gleichnis von den Lilien auf dem Feld (Mai) *(um 1580/90)*
Maerten I. van Valckenborch (1535-1612)
Öl/Leinwand, 86 x 123 cm
Wien, Kunsthistorisches Museum

DAS OPFER DER WITWE 1

Jesus setzte sich in die Nähe des Opferkastens und sah zu, wie die Leute Geld hinein-warfen. Viele Reiche gaben große Summen. Doch dann kam eine arme Witwe und warf zwei kleine Kupfermünzen hinein. Da rief Jesus seine Jünger zu sich und sagte: „Ich versichere euch: Diese arme Witwe hat mehr in den Opferkasten gelegt als alle anderen. Sie alle haben von ihrem Überfluß gegeben; diese Frau aber, so arm sie ist, hat alles gegeben, was sie besaß – alles, was sie zum Leben nötig hatte."
Markus 12,41-44 (auch Lukas 21,1-4)

Das Evangeliar Ottos III. ist eines der Hauptwerke des berühmten Skriptoriums des Klosters Reichenau. Um die Jahrtausendwende entstanden dort viele prachtvolle Handschriften für die Großen und Vornehmen im Deutschen Reich. Kaiser Otto III. (981-1002) hatte das Evangeliar in Auftrag gegeben, wie einer Widmungsinschrift zu entnehmen ist. Das Buch enthält 29 Bildseiten, die Ereignisse aus dem Leben Jesu zeigen. Die Miniaturen sind auf purpurgefärbtem Pergament gemalt und jeweils mit Goldgrund hinterlegt.

Die zweibogige Säulenarkade, deren Rückwand mit Blattgold besetzt ist, symbolisiert den Tempel. Darüber erheben sich die Mauern und Tore des himmlischen Jerusalem. Dorthin gelangen nach der Offenbarung des Johannes (Kapitel 21 und 22) die Auserwählten des Weltgerichts. Unter dem linken Bogen thront Jesus majestätisch auf seinem Sessel,

unter dem rechten steht der pultförmige Opferstock als Sinnbild für das Gottvertrauen der Witwe.

Eine illusionistische Wiedergabe des Raumes und eine realistische Darstellung der Figuren strebte der Maler nicht an. Die ottonische Kunst hatte sich in dieser Hinsicht ganz von den antiken Vorbildern gelöst und deformierte bewußt den natürlichen Körperbau der Menschen, um ihre Gebärden – das wesentlichste Element für die Aussage der Bilder – stärker hervorzuheben. Vor allem die großen Hände und Arme fallen auf. Die Figuren der Reichenauer Handschriften wurden deshalb auch als ‚Gestalt gewordene Gebärde' bezeichnet. Sie sind typische Beispiele für die mittelalterliche Formensprache.

Alle Personen außer Jesus sind an den Rand gerückt. Vier der Apostel stehen dicht zusammengedrängt außerhalb der Arkade. Der hinterste schaut zum himm-

---

Evangeliar: Buch mit dem vollständigen Text der vier Evangelien.
Skriptorium: (lateinisch = Schreibstube) In den Klöstern des Mittelalters der Raum für Schreibarbeiten. Dort wurden Handschriften verfaßt oder abgeschrieben und bebildert. Der Begriff bezeichnet im übertragenen Sinn auch eine Schreiber- oder Malerschule: Die aus ihr hervorgegangenen Werke gleichen sich in Stil, Schrift und Ausstattung und sind so einer bestimmten Werkstatt zuzuordnen.
Miniatur: In der Buchmalerei ein Bild oder eine Zeichnung, die einen Buchtext illustriert.
illusionistisch: Gestaltungsweise, die dem Auge des Betrachters dreidimensionale Körper oder Räume vortäuscht.

Bild 20 **Die Gabe der armen Witwe** *(998-1001), Evangeliar Ottos III.*
Buchmalerei, 33,4 x 24,2 cm, München, Bayerische Staatsbibliothek, Clm. 4453, fol. 192r

lischen Jerusalem hinauf, die drei anderen blicken zur Mitte. Die Witwe steht vor der rechten Säule und streckt den Arm aus, um ihre Münzen in den Opferstock zu werfen. Jesus überragt die anderen Figuren, obwohl er als einziger sitzt. Damit wird seine Bedeutung hervorgehoben. Er wendet sich der Witwe zu und streckt segnend die Hand nach ihr aus.

Mit der Schriftrolle in der linken Hand nimmt Jesus die gleiche Haltung ein wie unterrichtende Philosophen in der antiken Kunst. Jesus erklärt seinen Jüngern, wie schwer der armen Frau das Geldopfer fallen müsse. Vorne hebt Petrus beide Hände mit nach oben geöffneten Handflächen und zeigt so, daß er die Lehre Jesu verstanden hat.

Der 1629 in Leiden geborene und in Amsterdam als Maler tätige Gabriel Metsu gelangte durch seine eleganten Genrebilder zu Erfolg und Ansehen. Er bildete häufig eine beschaulich bürgerliche Welt mit liebevoll wiedergegebenen Alltagsgegenständen ab, in der sich Menschen gesellig zusammenfinden. Metsu beschäftigte sich aber auch zeitlebens immer wieder mit biblischen Themen.

Sein Bild vom ‚Scherflein der Witwe‘ zeigt das Innere des Tempels in Jerusalem als einen hohen, düstereren Raum, den selbst die beiden großen farbigen Fenster in der hinteren Wand kaum erhellen können. Auch der Opferkasten steht fast völlig im Dunkeln. Nur ein kostbarer Aufsatz mit zwei Putten, die einen reichverzierten Rahmen mit einem großen Edelstein tragen, fällt sofort ins Auge.

Ein Priester feiert im Hintergrund mit aufgeschlagenem Buch eine Zeremonie, ohne sich durch den Menschen stören zu lassen, der sich bittend neben ihm auf die Knie geworfen hat. Damit wird auf die Gegensätzlichkeit hingewiesen, daß hier Reichtum zur Schau gestellt, dem Bedürftigen aber die Hilfe verweigert wird.

Ein Lichtstrahl beleuchtet das Gesicht der Frau, die ein schwarzer Schleier als Witwe kennzeichnet. Auch auf das Kind neben ihr und auf Jesus fällt noch so viel Licht, daß beide gut zu erkennen sind. Die Witwe nimmt die Geschehnisse um sich herum gar nicht wahr. Die Hand auf die Brust gelegt und den Blick nach oben gerichtet, kniet sie in inniges Gebet vertieft. Zwischen den Fingern ihrer linken Hand schimmert eine Münze. Ihr Sohn hält sich an einer Falte ihres Rockes fest. Beide sind einfach gekleidet. Traurig blickt das Kind nach oben und wischt sich die Tränen aus dem Auge, weil es nicht begreift, warum die Mutter das Geld im Tempel opfert. Doch die fromme Witwe gibt noch ihre letzte Münze im Vertrauen auf Gott.

Mit ausgebreiteten Armen steht Jesus neben der Frau. Seine Begleiter verstehen noch nicht, was ihn so sehr bewegt und blicken ihren Meister erstaunt an. Der Greis mit dem Turban betrachtet über Jesu Schulter hinweg die Witwe äußerst skeptisch durch seine Augengläser.

Anders als der Maler, der die Bilder im Evangeliar Ottos III. geschaffen hat, legt Metsu auf die Belehrung der Jünger und den Segen Christi für die Witwe keinen großen Wert. Wichtig ist ihm vielmehr die spontane Gefühlsäußerung Jesu, der von der Opferbereitschaft dieser Frau tief beeindruckt ist.

Scherflein: Der Begriff geht auf Luthers Bibelübersetzung von 1522 zurück. Der ‚Scherf‘ war zu jener Zeit in Sachsen die Münze mit dem niedrigsten Wert. Luther übersetzte damit das griechische ‚lepton‘, das die kleinste in Palästina in Umlauf befindliche Kupfermünze bezeichnete.

Bild 21
Das Scherflein der Witwe *(nach 1657)*
Gabriel Metsu (1629-1667)
Öl/Leinwand auf Holz, 80,4 x 64,6 cm
Schwerin, Staatliches Museum

DER BREITE UND DER SCHMALE WEG

„Geht durch das enge Tor! Denn das weite Tor und der breite Weg führen ins Verderben, und viele sind auf diesem Weg. Doch das enge Tor und der schmale Weg führen ins Leben, und nur wenige finden diesen Weg." Matthäus 7,13-14

Das Gleichnis vom breiten und vom schmalen Weg ist ein in der Kunst sehr häufig anzutreffendes Motiv. Für den Pietismus, einer Ende des 17. Jahrhunderts entstandenen religiösen Bewegung innerhalb des Protestantismus, wurde es sogar zu einem der beliebtesten Themen für Andachtsbilder und gilt daher heute als geradezu ‚typisch pietistisch'. Dennoch geht das nebenstehende Gemälde ‚Der breite und der schmale Weg' nicht auf den Pietismus zurück, denn es wurde vor dessen Entstehungszeit gemalt.

Wer der Auftraggeber war und welcher Konfession er angehörte, ist unbekannt. Das Bild, das wohl aus den Niederlanden stammt, hat jedoch die künstlerische Darstellung dieses Motivs maßgeblich beeinflußt. Vermutlich ist das Gemälde durch graphische Reproduktionen auch in Deutschland bekannt geworden, denn einige der später in großen Auflagen hergestellten Drucke stimmen mit diesem Kunstwerk weitgehend überein.

Der Baum in der Mitte trennt nicht nur das Bild in zwei Hälften, sondern ist auch selbst geteilt. Auf der Seite der Tugend stehen die Äste in frischem Grün, auf der des Lasters sind sie dagegen verdorrt. Vor dem dicken Stamm wartet schon der Tod auf die Entscheidung eines wohlhabenden Bürgers. Die Frau im gelben Kleid mit einem Apfel in der Hand will ihn, wie Eva den Adam, zur Sünde verführen. Der Reiche scheint nicht abgeneigt zu sein, ihr zu folgen und betrachtet sie begehrlich.

Gleichzeitig versucht eine Personengruppe auf der anderen Seite, ihn für den schmalen Pfad zu gewinnen. Jesus hat mahnend die Hand erhoben, Maria mit dem Kind hält den Reichen am Ärmel zurück, und der von einer Frau verkörperte Glaube liest aus der Bibel vor. Ein Engel weist mit seinem Schwert auf die Gesetzestafeln mit den Zehn Geboten und mit seiner Linken auf den Weg zur Erlösung.

Rechts ist der ‚Fürst dieser Welt' abgebildet, eine häufig verwendete Bezeichnung für den Teufel, die sich im Johannes-Evangelium findet (Verse 12,31; 14,30 und 16,11, in der Neuen Genfer Übersetzung der Bibel wiedergegeben mit ‚Herrscher dieser Welt'). Er sitzt auf einem reich verzierten Thron und läßt sich von einem Mann anbeten, hinter dem schon andere warten. Sie sollen dafür mit irdischen Freuden belohnt werden: Am Bildrand liegen die zu jener Zeit bekannten Gegenstände der Vergnügung und Verschwendung schon bereit. Auf der Wiese haben sich Müßiggänger zu Gruppen zusammengefunden und an einem vollbesetzten Tisch wird gespeist und getrunken; einige Musikanten spielen dazu auf.

Oben auf der Terrasse des Hauses neben dem weiten Tor tafelt der reiche Mann mit seinen Gästen. Am Fuß der Treppe kauert der arme Lazarus, dem zwei Hunde die Wunden lecken (Lukas 16,19-31, vergleiche die Bilder 57 und 58). Im Hintergrund ziehen die Menschen durch

Bild 22
Der breite und der schmale Weg *(um 1630/40)*
Niederländischer Meister (?)
Öl/Leinwand, 59 x 78 cm
Utrecht, Rijksmuseum ‚Het Catharijneconvent'

das breite Tor ins Verderben. Der Himmel über ihnen ist erfüllt vom Rauch und von den Flammen des Höllenfeuers, das sie erwartet.

Im Vordergrund links vom Baum verharrt traurig und verzagt eine Personengruppe, die noch nicht bereit ist, sich auf den Weg zu machen. Drei von ihnen suchen Trost im Gebet. Dahinter sind auf dem Vorplatz des Hauses die sieben Werke der Barmherzigkeit dargestellt (vergleiche die Bilder 8 und 9). An ihnen führt der schmale Weg vorbei. Männer und Frauen, alt und jung tragen allein oder gemeinsam ihr Kreuz, und manch einer bricht unter seiner Last zusammen. Durch eine enge Pforte führt der Pfad weiter durch die Ebene. Nach einem zweiten Torbogen beginnt der beschwerliche Aufstieg über schwindelerregende Steige zum Gipfel des hohen Berges, wo die Erlösung von aller irdischen Mühsal auf die Gläubigen wartet.

DAS GLEICHNIS VOM UNEHRLICHEN VERWALTER

„Ein reicher Mann hatte einen Verwalter. Über diesen gingen Klagen bei ihm ein; 'es hieß', er veruntreue ihm sein Vermögen. Da ließ er den Verwalter rufen. ‚Was muß ich von dir hören?' sagte er zu ihm. ‚Leg die Abrechnung über deine Tätigkeit vor; du kannst nicht länger 'mein' Verwalter sein.' Der Mann überlegte hin und her: ‚Was soll ich nur tun? Mein Herr wird mich entlassen. Für schwere Arbeit tauge ich nicht, und ich schäme mich zu betteln. 'Doch jetzt' weiß ich, was ich tun kann, damit die Leute mich in ihren Häusern aufnehmen, wenn ich meine Stelle als Verwalter verloren habe.' Nacheinander rief er alle zu sich, die bei seinem Herrn Schulden hatten. ‚Wieviel bist du meinem Herrn schuldig?' fragte er den ersten. ‚Hundert Faß Olivenöl', antwortete der. Darauf sagte der Verwalter: ‚'Hier,' nimm deinen Schuldschein, setz dich schnell hin, und schreib 'statt dessen' fünfzig.' Dann fragte er den nächsten: ‚Und du, wieviel bist du ihm schuldig?' ‚Hundert Sack Weizen', lautete die Antwort. Der Verwalter sagte zu ihm: ‚'Hier.' nimm deinen Schuldschein und schreib 'statt dessen' achtzig.' Da lobte der Herr den ungetreuen Verwalter dafür, daß er so klug gehandelt hatte. In der Tat, die Menschen dieser Welt sind im Umgang mit ihresgleichen klüger als die Menschen des Lichts." Lukas 16,1-9

Der niederländische Künstler Marinus van Reymerswaele malte in der ersten Hälfte des 16. Jahrhunderts vor allem Genreszenen und biblische Motive. Er hat dabei andere Maler und auch sich selbst immer wieder kopiert. Sein Werk beschränkt sich insgesamt auf wenige Themen. Die Neigung zur übertriebenen Darstellung der Bildinhalte bis ins Karikaturistische ist mit einer gekonnt naturalistischen Wiedergabe verbunden.

Vor einem Regal, in dem sich Papiere und Urkunden mit Siegeln stapeln, sitzt ein Kaufmann mit Spitzhut, der von seinem ungetreuen Angestellten Rechenschaft über dessen Verwaltung fordert. Mit dem auf den Tisch weisenden Zeigefinger unterstreicht er dieses Verlangen. Mit der abweisenden Geste seiner Linken bedeutet er dem Verwalter gleichzeitig, daß er nichts mehr mit ihm zu tun haben wolle. Auf einer kleinen Tafel am rechten Rand steht auf lateinisch: „Lege Rechenschaft ab über deine Verwaltung. Du kannst nicht länger mein Verwalter sein".

Nachdenklich sitzt der so plötzlich seiner Stellung Enthobene da. Daß er schon einen Weg gefunden hat, der ihn vor dem Schlimmsten bewahren soll, verdeutlicht der Künstler durch die sprechende Geste der linken Hand. Rechts im Hintergrund setzt der ungetreue Verwalter seinen Gedanken bereits in die Tat um: Er empfängt die Schuldner seines Herrn, erläßt ihnen einen Teil ihrer Verpflichtungen und sichert sich auf diese Weise ihre Dankbarkeit.

Bild 23
Das Gleichnis vom ungerechten Verwalter *(um 1540)*
Marinus van Reymerswaele (um 1490/95 - nach 1567)
Öl/Eichenholz, 77 x 96,5 cm
Wien, Kunsthistorisches Museum

GNADE UND VERGEBUNG

Jesus verkündete den Menschen, daß Gott nicht nur Barmherzigkeit von ihnen fordert, sondern auch selbst großzügig und barmherzig handelt.

Auch diejenigen, die erst spät über Umwege zum Glauben finden, erlangen Vergebung und werden in die Gemeinschaft aufgenommen. Diese Botschaft hat Jesus mehrmals in Gleichnissen zum Ausdruck gebracht. Anders verhält es sich dagegen mit denjenigen, die ihr Leben nutzlos vergeuden: Sie trifft die härteste Strafe.

Bilder aus diesem Themenbereich waren seit dem Mittelalter recht beliebt. Der Betrachter sollte durch sie an seine eigenen Sünden und an die dafür zu erwartende Strafe erinnert werden. Gleichzeitig gaben diese Darstellungen demjenigen, der die Gebote übertreten hatte, aber auch die Hoffnung, daß ihm vergeben werde, wenn er seine Verfehlungen nur aufrichtig bereue.

Die Geschichte vom Verlorenen Sohn, die in diesem Kapitel breiten Raum einnimmt, ist vermutlich das bekannteste und am häufigsten künstlerisch umgesetzte Gleichnis überhaupt. Es bot nicht nur die Möglichkeit, die Gnade Gottes, sondern auch ganz weltliche Motive zu zeigen, etwa das Treiben in einem Bordell oder die tiefen Gefühle zwischen Vater und Sohn.

DAS GLEICHNIS VOM SÄMANN

„Ein Bauer ging 'aufs Feld', um zu säen. Beim Ausstreuen der Saat fiel einiges auf den Weg. Da kamen die Vögel und pickten es auf. Einiges fiel auf felsigen Boden, der nur von einer dünnen Erdschicht bedeckt war. Weil die Saat dort so wenig Erde hatte, ging sie rasch auf. Als dann aber die Sonne höher stieg, wurden 'die jungen Pflanzen' versengt, und weil sie keine 'kräftigen' Wurzeln hatten, verdorrten sie. Einiges fiel ins Dornengestrüpp, und die Dornbüsche überwucherten und erstickten die Saat. Einiges jedoch fiel auf guten Boden und brachte Frucht – zum Teil hundertfach, zum Teil sechzigfach, zum Teil dreißigfach." Matthäus 13,3-8

Eine Deutung des Gleichnisses vom Sämann gibt Jesus selbst im Matthäus-Evangelium (13,18-23): Die Saat ist demnach das Wort Gottes, das von dem einen nicht verstanden, vom anderen zu rasch und zu oberflächlich aufgenommen und beim dritten durch die täglichen Sorgen und das Streben nach Reichtum erstickt wird. Nur bei denjenigen, die das Wort Gottes hören und es auch verstehen, fällt es auf guten Boden.

Ein Bauer wird nur dort säen, wo der Boden eine gute Ernte erwarten läßt. Der himmlische Sämann achtet dagegen nicht darauf, wo seine Saat hinfällt. Er bietet das Wort Gottes allen Menschen an.

Die Kathedrale von Canterbury wurde nach einem Brand im Jahre 1174 im gotischen Stil neu errichtet. Ihre Fenster gehören zu den wenigen erhaltenen Beispielen der mittelalterlichen englischen

Bild 24
Das Gleichnis vom Sämann
(um 1200)
Glasfenster (Detail)
Canterbury Kathedrale nördliches Chorfenster

Glasmalerei. Die meisten anderen Fenster fielen im 16. Jahrhundert dem Bildersturm der Reformation zum Opfer.

Der Sämann ist in Canterbury zweimal abgebildet. Im ersten Fenster (Bild 24) bildet eine stilisierte Landschaft den Hintergrund. Unter tiefblauem Himmel erheben sich mehrere Hügel, deren Bewaldung durch jeweils einen Baum angedeutet ist. Als übergroße Gestalt mit fein herausgearbeiteten Gesichtszügen geht der Sämann über das nach links ansteigende Feld. Mit weit ausgestrecktem Arm streut er die Körner aus. Er blickt aber über die Schulter zurück und sieht nicht, wo die Samen hinfallen.

Die hellen Samenkörner liegen in geraden Reihen auf dem Acker. Die Hälfte davon hat schon gekeimt und kleine Triebe hervorgebracht. Dazwischen wuchern Dornenbüsche in verschiedenen Farben. Sie sind schon hoch gewachsen und tragen viele Blüten: unter ihnen wird ein Teil der Saat ersticken.

Der andere Sämann in der Kathedrale von Canterbury (Bild 25) trägt sein Saatgut in einem Tuch mit sich, das er am Hals verknotet hat. Auch dieser zweite Bauer weist ein sorgfältig gezeichnetes Gesicht auf. Er schaut beim Säen zwar nach vorne, aber er achtet ebenfalls nicht darauf, wo die Saat hinfällt. So landet sie nicht auf dem Boden des Feldes, sondern rechts auf den Steinen des Weges. Die Vögel sind schon dabei, die Körner aufzupicken.

Bild 25
Das Gleichnis
vom Sämann
(um 1200)
Glasfenster
(Detail)
Canterbury
Kathedrale
nördliches
Chorfenster

DAS GLEICHNIS VOM GROSSEN GASTMAHL 1

„Ein Mann bereitete ein großes Festessen vor, zu dem er viele Gäste einlud. Als es dann soweit war, schickte er seinen Diener und ließ den Gästen sagen: ‚Kommt, alles ist bereit!' Doch jetzt brachte einer nach dem anderen eine Entschuldigung vor. Der erste sagte: ‚Ich habe einen Acker gekauft und muß unbedingt hingehen und ihn besichtigen. Bitte entschuldige mich.' Ein anderer sagte: ‚Ich habe fünf Ochsengespanne gekauft und gehe sie mir 'jetzt' genauer ansehen. Bitte entschuldige mich.' Und ein dritter sagte: ‚Ich habe 'gerade erst' geheiratet; darum kann ich nicht kommen.' Der Diener kam zu seinem Herrn zurück und berichtete ihm das alles. Da wurde der Herr zornig und befahl ihm: ‚Geh schnell auf die Straßen und Gassen der Stadt und hol die Armen, die Behinderten, die Blinden und die Gelähmten herein.' Bald darauf meldete der Diener: ‚Herr, was du befohlen hast, ist ausgeführt. Aber es ist noch mehr Platz vorhanden.' Da befahl ihm der Herr: ‚Geh auf die 'Feld'wege und an die Zäune und dränge 'alle, die du dort findest,' zu kommen, damit mein Haus voll wird. Denn eines sage ich euch: Von jenen Leuten, die 'ursprünglich' eingeladen waren, wird keiner etwas von meinem Festessen bekommen.'" Lukas 14,16-24

Jesus erzählt das Gleichnis während eines Essens bei einem führenden Pharisäer. Mit dieser Geschichte zeigt er, daß auch die Geduld Gottes nicht unbegrenzt ist: Wer die Einladung des Herrn ausschlage, dürfe nicht darauf hoffen, ins Himmelreich einzuziehen. Außerdem ermahnt Jesus den Gastgeber, nicht Freunde, Verwandte oder reiche Nachbarn zum Fest zu bitten, sondern die Armen und Kranken. Die gute Tat werde ihm bei der Auferstehung der Gerechten vergolten werden (Lukas 14,12-14). – Auch in dem sehr ähnlichen ‚Gleichnis von der königlichen Hochzeit', von dem Matthäus berichtet (22,1-14), werden Menschen von der Straße eingeladen (vergleiche Bild 61).

Zum Goldenen Evangelienbuch von Echternach siehe auch die Bilder 47 und 57.

Das ‚Goldene Evangelienbuch' entstand um 1031 im Kloster Echternach bei Trier. In dieser prachtvollen Handschrift finden sich vor jedem Evangelium eine Reihe von Zierseiten. Dazu gehören Illustrationen zu Ereignissen aus dem Leben Jesu und zu Gleichnissen, die jeweils in drei horizontale Bildstreifen aufgeteilt sind. Schriftleisten über den Miniaturen erklären in lateinischer Sprache den Bildinhalt, und Beischriften bezeichnen die jeweiligen Personen.

Die Malereien sind auf typisch mittelalterliche Weise nicht illusionistisch ausgeführt. Vielmehr sind vor dem Hintergrund farbiger Flächen einzelne Elemente zu symbolhaften Darstellungen zusammengefügt. Die Geschichte vom Gastmahl wird dabei nicht wie sonst üblich in chronologischer Reihenfolge von oben nach unten erzählt, sondern beginnt im mittleren Bildstreifen, setzt sich im unteren fort und endet im oberen.

In den unteren beiden Miniaturfeldern ist der Diener mit dem Botenstab mehrmals zu sehen. Rechts bittet er die Geladenen, zum Mahl zu kommen. Aber anstatt zum Haus des Gastgebers zu gehen, eilt der erste bergauf zu seinem neuen Acker. Der zweite weist auf das Ochsengespann, das er besichtigen will, und der dritte

Bild 26
Das Gleichnis
vom großen
Gastmahl
(um 1031)
Codex Aureus
Epternacensis
44,2 x 31,1 cm
Nürnberg
Germanisches
National-
museum
Hs. 156142
fol. 77v

reitet mit seiner jungen Ehefrau auf einem Pferd davon. Ihre auf irdische Dinge gerichtete Geschäftigkeit ist ihnen anzusehen. Sie würdigen den Diener lediglich eines kurzen Blickes, schlagen die Einladung aus und setzen ihren Weg dann fort.

Vor dem hellblauen Hintergrund steht in der linken unteren Ecke noch einmal der Diener. Diesmal bittet er die Armen, Blinden und Lahmen zum Festmahl. Sie folgen trotz ihrer Schwäche und ihren

Behinderungen gerne der Einladung und streben im unteren und mittleren Bildstreifen zur gedeckten Tafel, im oberen ist dann das Gastmahl dargestellt. Einige Schüsseln stehen dort schon bereit; eine weitere wird gerade aufgetragen. Links am Tisch drängt sich eine Gruppe von Armen neben dem weißhaarigen Gastgeber, der größer abgebildet ist als seine Gäste und sich ihnen freundlich zuwendet. Den vordersten faßt er am Arm, um ihn zu begrüßen und näher heranzuführen.

67

DAS GLEICHNIS VOM GROSSEN GASTMAHL 2

Dieses heute dem Herzog Anton Ulrich-Museum in Braunschweig gehörende Gemälde vom ‚Großen Gastmahl' stammt von einem flämischen Künstler. Er wird als ‚Braunschweiger Monogrammist' bezeichnet, weil er bisher noch nicht zweifelsfrei identifiziert werden konnte. Unter anderem spricht aber die Signatur JsvAM(L) dafür, daß der Antwerpener Landschaftsmaler Jan van Amstel (um 1500 bis etwa 1542) das Bild geschaffen haben könnte.

Vor einer weiten, hügeligen Landschaft erhebt sich ein großes Schloß mit mehreren Türmen und Kaminen. Auf dem Hof herrscht ein reges Treiben. Dort wird an längs und quer aufgestellten Tischen das Gastmahl ausgerichtet. In großen Kesseln kocht Suppe, über einem Feuer wird auf Spießen Fleisch gebraten und aus den Fässern fließt reichlich Wein in die Krüge.

Einige Gäste unterhalten sich noch im Stehen, während sich andere bereits an die gedeckten Tafeln gesetzt haben und auf die Bewirtung warten. Auf den Straßen im Hintergrund sind noch viele Menschen unterwegs und kommen links durch die überdachte Pforte in den Hof.

Der Maler schildert das Gastmahl mit viel Liebe zum Detail, so daß es schwerfällt, das biblische Thema zu erkennen. Erst bei genauem Hinschauen sieht man die einfache Kleidung der Gäste und die Krücken, auf die manche sich stützen.

Vor einem großen Vorhang aus Goldbrokat gibt der vornehm gekleidete Gastgeber seinen Dienern Anweisungen. Eine Frau wendet sich mit bittend erhobenen Händen an ihn. Dieser kleine Ausschnitt aus der Mitte des Bildes zeigt aber weniger einen weltlichen Fürsten und seine Gemahlin. Die beiden Gestalten verweisen vielmehr auf Gott, der für alle Menschen sorgt, die seiner Einladung gefolgt sind, und auf Maria, die um Gnade bittet für all diejenigen, die den Weg zu ihm bisher noch nicht gefunden haben.

Bild 27
Das große Gastmahl *(um 1525 - ca. 1540)*
Braunschweiger Monogrammist
(wahrscheinlich Jan van Amstel)
Eichenholz, 121 x 172 cm
Braunschweig
Herzog Anton Ulrich-Museum

DAS GLEICHNIS VON DEN ARBEITERN IM WEINBERG

„Denn mit dem Himmelreich ist es wie mit einem Gutsbesitzer, der sich früh am Morgen aufmachte, um Arbeiter für seinen Weinberg einzustellen. Er 'fand etliche und' einigte sich mit ihnen auf den 'üblichen' Tageslohn von einem Denar. Dann schickte er sie in seinen Weinberg. Gegen neun Uhr ging er 'wieder' auf den Marktplatz und sah dort noch andere untätig herumstehen. ‚Geht auch ihr in meinem Weinberg 'arbeiten'!' sagte er zu ihnen. ‚Ich werde euch dafür geben, was recht ist.' Da gingen sie 'an die Arbeit'. Um die Mittagszeit und dann noch einmal gegen drei Uhr ging der Mann wieder hin und stellte Arbeiter ein. Als er gegen fünf Uhr 'ein letztes Mal zum Marktplatz' ging, fand er 'immer' noch einige, die dort herumstanden. ‚Was steht ihr hier den ganzen Tag untätig herum?' fragte er sie. ‚Es hat uns eben niemand eingestellt', antworteten sie. Da sagte er zu ihnen: ‚Geht auch ihr 'noch' in meinen Weinberg 'arbeiten'!'
Am Abend sagte der Weinbergbesitzer zu seinem Verwalter: ‚Ruf die Arbeiter 'zusammen' und zahl ihnen den Lohn aus! Fang bei den letzten an und hör bei den ersten auf.' Die Männer, die 'erst' gegen fünf Uhr 'angefangen hatten', traten vor und erhielten jeder einen Denar. Als nun die ersten an der Reihe waren, dachten sie, sie würden mehr bekommen; aber auch sie erhielten jeder einen Denar. Da begehrten sie gegen den Gutsbesitzer auf. ‚Diese hier', sagten sie, ‚die zuletzt gekommen sind, haben 'nur' eine Stunde gearbeitet und du gibst ihnen genausoviel wie uns. Dabei haben wir doch den ganzen Tag über schwer gearbeitet und die Hitze ertragen!' Da sagte der Gutsbesitzer zu einem von ihnen: ‚'Mein' Freund, ich tue dir kein Unrecht. Hattest du dich mit mir nicht auf einen Denar geeinigt? Nimm dein Geld und geh! Ich will nun einmal dem letzten hier 'genausoviel' geben wie dir.' (...) So wird es kommen, daß die Letzten die Ersten sind und die Ersten die Letzten." Matthäus 20,1-16

Der in der ersten Hälfte des 17. Jahrhunderts in Amsterdam tätige Maler und Graphiker Claes Cornelisz. Moeyaert war ein erfolgreicher und angesehener Künstler. Sogar der König von Dänemark zählte zu seinen Auftraggebern. Moeyaerts frühe Werke wurden von dem deutschen Maler Adam Elsheimer (1578-1610) beeinflußt, der bis zu seinem Tod in Rom lebte. Man nimmt deshalb an, daß der holländische Maler als junger Mann Italien bereist hat.

Die Bezahlung der Arbeiter erfolgt unter freiem Himmel vor einem palastartigen Haus. Im Hintergrund erhebt sich ein mit Säulen geschmückter Rundbau. Der orientalisch gekleidete, weißbärtige Besitzer des Weinbergs sitzt leicht erhöht an einem mit kostbarem Tuch bedeckten Tisch, auf dem ein dickes Buch liegt. Der kleine Hund zu seinen Füßen schaut aufmerksam zum Betrachter hin. Bei den vier Männern, die sich hinter dem Tisch versammelt haben, handelt es sich wohl um Mitarbeiter des Gutsherrn.

Auf der anderen Seite des Tisches stehen in zerrissener Kleidung vier Arbeiter, die ihren Lohn erhalten. Einer nimmt gerade die vereinbarte Münze aus der Hand eines Angestellten entgegen. Der Barfüßige mit dem Rücken zum Betrachter beschwert sich indessen über die ver-

Bild 28
Das Gleichnis von den Arbeitern im Weinberg *(undatiert)*
Claes Cornelisz. Moeyaert (um 1590/91-1655)
Öl/Holz, 47,6 x 71,3 cm
Chambéry, Musée de Chambéry

meintlich ungerechte Bezahlung. Er weist zusammen mit einem dritten auf die Arbeiter, die sich schon entfernt haben und für eine geringere Leistung den gleichen Lohn erhielten. Ein anderer mit einem Korb, der schon am Weggehen war, wendet sich überrascht zu dem Protestierenden um. Der Gutsbesitzer reagiert empört auf das Murren der Arbeiter: Er weist zornig auf die Münze, die er am frühen Morgen als Tageslohn mit ihnen vereinbart hatte.

DAS GLEICHNIS VON DEN ANVERTRAUTEN TALENTEN

„Es ist wie bei einem Mann, der vorhatte, in ein anderes Land zu reisen. Er rief seine Diener zu sich und vertraute ihnen sein Vermögen an. Einem gab er fünf Talente, einem anderen zwei und wieder einem anderen eines – jedem seinen Fähigkeiten entsprechend. Dann reiste er ab. Der Diener, der fünf Talente bekommen hatte, begann sofort, mit dem Geld zu arbeiten, und gewann fünf weitere dazu. Ebenso gewann der, der zwei Talente bekommen hatte, zwei weitere dazu. Der aber, der 'nur' ein Talent bekommen hatte, grub 'ein Loch in die' Erde und versteckte das Geld seines Herrn. Nach langer Zeit kehrte der Herr zurück und forderte seine Diener auf, mit ihm abzurechnen. 'Zuerst' kam der, der fünf Talente erhalten hatte. Er brachte die anderen fünf Talente mit und sagte: ‚Herr, fünf Talente hast du mir gegeben; diese fünf hier habe ich dazugewonnen.' ‚Sehr gut', erwiderte der Herr, ,'du bist ein' tüchtiger und treuer Diener. Du bist mit dem wenigen treu umgegangen, darum will ich dir viel anvertrauen. Komm herein zum Freudenfest deines Herrn!'
Dann kam der, der zwei Talente 'erhalten hatte'. ‚Herr', sagte er, ‚zwei Talente hast du mir gegeben; hier sind die zwei, die ich dazugewonnen habe.' ‚Sehr gut', erwiderte der Herr, ‚du bist ein tüchtiger und treuer Diener. Du bist mit dem wenigen treu umgegangen, darum will ich dir viel anvertrauen. Komm herein zum Freudenfest deines Herrn!'
'Zuletzt' kam auch der, der ein Talent bekommen hatte. ‚Herr', sagte er, ‚ich wußte, daß du ein harter Mann bist. Du erntest, wo du nicht gesät hast, und sammelst ein, wo du nicht ausgestreut hast. Deshalb hatte ich Angst und vergrub dein Talent in der Erde. Hier hast du zurück, was dir gehört.' Da gab ihm sein Herr zur Antwort: ‚Du böser und fauler Mensch! (...) Da hättest du mein Geld 'doch wenigstens' zur Bank bringen können; dann hätte ich es bei meiner Rückkehr mit Zinsen zurückbekommen. Nehmt ihm das Talent weg und gebt es dem, der die zehn Talente hat! Denn jedem, der hat, wird gegeben, und er wird im Überfluß haben; wer aber nicht hat, dem wird auch das genommen, was er hat. Doch diesen unnützen Diener werft in die Finsternis hinaus, (...)'"Matthäus 25,14-30 (auch bei Lukas 19,12-26)

Zwischen den Texten vom Einzug in Jerusalem und dem Abendmahl finden sich bei Matthäus die Reden und Gleichnisse Jesu zum Jüngsten Gericht. So wie der zurückgekehrte Herr von seinen Dienern über die Verwaltung des ihnen anvertrauten Geldes Rechenschaft fordert, wird Gott – so ist das Gleichnis zu verstehen – die Menschen fragen, wie sie ihre Fähigkeiten eingesetzt haben.

Bild 29
Der faule Diener vor seinem Herrn *(um 1652)*
Rembrandt Harmensz. van Rijn (1606-1669)
Federzeichnung, 17,3 x 21,8 cm
Paris, Musée de Louvre

Zu Rembrandt Harmensz. van Rijn siehe auch die Bilder 1, 4, 13 und 54.

Rembrandt hat die Szene in ein schlichtes Zimmer verlegt, das nur mit einem einfachen Tisch und einem weit ausladenden Kamin ausgestattet ist. Mit wenigen Strichen deutet der Künstler die räumlichen Gegebenheiten an. Die drei dargestellten Männer sind nach der zeitgenössischen holländischen Mode gekleidet.

An der rechten Schmalseite des Tisches sitzt ein Buchhalter, völlig in seine Abrechnungen vertieft. Gegenüber kramt der faule Diener die ihm von seinem Herrn anvertraute Münze aus seiner Tasche hervor, um sie wieder zurückzugeben. Aus Furcht, das Geldstück zu verlieren, hat er es tief in seinen Kleidern versteckt. Er weiß, daß er versagt hat. Schuldbewußt senkt er den Kopf und wagt es nicht, seinem Herrn ins Gesicht zu schauen. Der hat ihn aber bereits durchschaut und blickt verärgert drein. Er hält sich noch zurück, wird den Diener aber dafür bestrafen, daß er untätig die Zeit verstreichen ließ und nicht versuchte, das Geld sinnvoll zu nutzen und zu vermehren.

DAS GLEICHNIS VON DER VERLORENEN MÜNZE

„Oder 'wie ist es', wenn eine Frau zehn Silbermünzen hat und eine davon verliert? Zündet sie da nicht eine Lampe an, kehrt das 'ganze' Haus und sucht in allen Ecken, bis sie die Münze gefunden hat? Und wenn sie sie gefunden hat, ruft sie ihre Freundinnen und Nachbarinnen zusammen und sagt: ,Freut euch mit mir! Ich habe die Münze wiedergefunden, die ich verloren hatte.' Ich sage euch: Genauso freuen sich die Engel Gottes über einen einzigen Sünder, der umkehrt." Lukas 15,8-10

Zu Domenico Feti siehe auch die Bilder 62 und 67.

Domenico Feti war von 1613 bis 1622 als Hofmaler in Mantua tätig. In dieser Zeit entwickelte er einen eigenen Stil, der Realismus mit raffinierten farblichen Reizen verbindet. So entstand auch eine Serie von Gemälden zu Gleichnissen Jesu, die insgesamt 14 Motive umfaßt, darunter auch das Gleichnis von der verlorenen Münze. Feti verlieh der biblischen Erzählung durch extreme Hell-Dunkel-Kontraste eine dramatisch gesteigerte Wirkung. Er gestaltete sie aber so, als schildere er ein alltägliches Ereignis.

Nur eine einzige Flamme erhellt den kahlen Raum und beleuchtet grell das Kleid und das Gesicht einer Frau. Ihre Gestalt wirft dadurch einen dunklen Schatten an die Wand. Die kärglich möblierte Kammer ist in keinem guten Zustand. An der hinteren Wand bröckelt oben der Putz ab und legt modriges Holz und schadhaftes Mauerwerk frei. Auch

der Fußboden weist vorne in der Mitte eine große Ritze auf. Ein Krug und eine Schüssel stehen herum, ein Korb liegt in der Ecke.

Auf einem umgestürzten Hocker hat die Frau sorgsam die neun verbliebenen Münzen abgelegt. An den unordentlich herumliegenden Tüchern ist zu erkennen, daß sie in der Kleidertruhe schon nach dem verlorenen Geldstück gesucht hat. Jetzt bückt sie sich, um mit der Lampe den Boden abzusuchen. Sie wird die Münze bald finden, denn sie ist in die dunkle Bodenritze ganz in ihrer Nähe gerollt.

Bild 30
Das Gleichnis von der verlorenen Münze *(um 1618/1622)*
Domenico Feti (1589-1623)
Öl/Pappelholz, 55 x 44 cm
Dresden, Gemäldegalerie Alte Meister

DAS GLEICHNIS VOM VERLORENEN SOHN 1

„Ein Mann hatte zwei Söhne. Der jüngere sagte zu ihm: ‚Vater, gib mir den Anteil am Erbe, der mir zusteht!' Da teilte der Vater das Vermögen unter die beiden auf. Lukas 15,11-12

Das Gleichnis vom Verlorenen Sohn wurde in der Kunst erst ab dem 11. Jahrhundert aufgegriffen. Bis heute ist es ein besonders beliebtes Thema geblieben. Wurden anfangs in der Regel mehrere Szenen des Gleichnisses in einer Folge von Bildern gezeigt, gingen die Künstler um 1500 dazu über, einzelne Aspekte der Geschichte heraus-zugreifen.

Der spanische Maler Bartolomé Esteban Murillo lebte zurückgezogen in Sevilla und verließ seine Vaterstadt nur selten. Sein von tiefer Frömmigkeit geprägtes Werk wurde daher kaum von anderen Künstlern beeinflußt. Häufig widmete er sich religiösen Themen. In vielen seiner Bilder hat Murillo aber auch das Leben des einfachen Volkes festgehalten. Die kleine, mit raschem Pinselstrich gemalte Ölskizze aus dem Madrider Prado gehört zu einer Serie zum Gleichnis vom Verlorenen Sohn.

In einem düsteren Raum wird gerade das Erbe ausbezahlt. An der linken hinteren Schmalseite eines mit dunklem Tuch bedeckten Tisches sitzt der Vater. Vor dem weißbärtigen Mann liegen Papiere, Münzen und Geldsäcke. Der jüngere seiner beiden Söhne, der vorzeitig sein Erbe verlangt hat, steht ihm gegenüber und verschnürt gerade einen wohlgefüllten Geldsack. Seine Kleidung ist modisch-elegant, ein Hinweis darauf, daß er sich äußerlichen, vergänglichen Werten zuge-wandt hat. Er ist entschlossen, sein Glück in der Fremde zu suchen. Die Dunkelheit und Leere um ihn herum deuten jedoch bereits seinen tiefen Fall an. Seine Familie läßt er traurig zurück. Der ältere Bruder stützt sich auf die Rückenlehne des Stuhls, auf dem der Vater sitzt.

Zusammen mit der Mutter im roten Kleid, die dem Betrachter halb den Rücken zukehrt, schaut er der Aus-zahlung stumm zu.

Die rechte Hand des Vaters ruht auf dem Tisch, als habe er sich mit dem Verlangen seines jüngeren Sohnes abgefunden. Die Geste der linken Hand wirkt doppel-deutig; mit ihr hat er das Geld übergeben. Die gespreizten Fingern scheinen aber auch auszudrücken, daß der Vater einen letzten Versuch unternimmt, den Sohn von seinem unglückseligen Vorhaben abzubringen. Der achtet jedoch nicht auf die stumme Bitte seines Vaters, sondern sieht nur noch den Geldsack in seiner Hand.

Bild 31
Der Verlorene Sohn erhält sein rechtmäßiges Erbe *(um 1675)*
Bartolomé Esteban Murillo (1618-1682)
Öl/Leinwand, 27 x 34 cm
Madrid, Museo del Prado

Wenige Tage später hatte der jüngere Sohn seinen ganzen Anteil verkauft und zog 'mit dem Erlös' in ein fernes Land. Dort lebte er in Saus und Braus und brachte sein Vermögen durch. Lukas 15,13

Über das Leben des Malers Jan Sanders van Hemessen ist nur wenig bekannt. Der Zeitgenosse Pieter Brueghels arbeitete zwischen 1534 und etwa 1555 in Antwerpen. Wie viele andere niederländische Maler des 16. und 17. Jahrhunderts thematisierte auch Jan Sanders van Hemessen in seinen Bildern die ausschweifenden Sitten seiner Zeit. Aus dem Gleichnis vom Verlorenen Sohn suchte er sich diejenige Stelle heraus, die die Darstellung eines unmoralischen und triebhaften Daseins erlaubte.

Im Bildvordergrund wird dem Betrachter detailfreudig das genußsüchtige Leben des Verlorenen Sohnes geschildert. Um einen Tisch gruppieren sich acht Personen, die in drastischer Form die Laster verkörpern, die den Sohn ins Verderben stürzen werden: Spiel und Musik, Trunksucht und Wollust. So widmet sich hinter dem Tisch ein Paar dem Würfelspiel, ein Dudelsackpfeifer musiziert vor der Brüstung im Hintergrund und ein betrunkener Alter starrt mit einfältigem Blick in einen leeren Weinkrug. Hämischlüstern grinsend verfolgt eine Kupplerin das Werben zweier Frauen um den Verlorenen Sohn.

Der junge Mann trägt zeitgemäßmodische Kleidung und ist offensichtlich betrunken. Sein Blick ist starr, und in seiner Rechten hält er einen Weinkrug. Eine der beiden Frauen hat sich auf seinen Oberschenkel gesetzt. In der einen Hand hält sie ein Glas, mit der anderen zieht sie seinen Kopf zu sich her. Der Sohn ist von ihrer Zudringlichkeit sehr angetan und will sie küssen. Doch hinter ihm versucht die andere ihre Konkurrentin abzuwehren. Sie umfaßt den Oberkörper des Mannes und schiebt den Arm der Gegenspielerin zur Seite.

Im hinteren Teil des Raumes wird ein Musiker mit Geige von einem Mann zum Tisch gezogen. Eine Frau reicht dem Widerstrebenden aufmunternd einen offenen Weinkrug. Für die Deutung dieser Nebenszene gibt der Bibeltext jedoch keine Anhaltspunkte. In diesem Teil des Hauses wird dem Betrachter auch vor Augen geführt, wohin das ausschweifende Leben den Verlorenen Sohn führen wird. Zwei Frauen haben seinen Mantel als Pfand behalten und schauen ihm nach. Bis auf die Unterwäsche entkleidet wird er aus dem Haus vertrieben. Eine solche Vorausschau auf folgende Ereignisse wird in jener Zeit auf den Bildern häufig dargestellt.

Links hinter der Brüstung ist der Verlorene Sohn beim Schweinehüten zu sehen. In der breiteren Öffnung rechts kehrt er schließlich nach Hause zurück. Am Eingang des großen Gebäudes kniet er vor seinem Vater, während auf der anderen Seite schon seine Rückkehr gefeiert wird. Das Elternhaus erinnert mit seinen vielen Türmen an ein Kirchengebäude. Die Heimkehr des Sohnes zum Vater ist demnach als Rückkehr des Menschen zu Gott zu verstehen.

Bild 32
Der Verlorene Sohn *(1536)*
Jan Sanders van Hemessen (um 1500 - nach 1560)
Öl/Holz, 140 x 198 cm
Brüssel, Musées Royaux des Beaux-Arts

DAS GLEICHNIS VOM VERLORENEN SOHN 3

Als er alles aufgebraucht hatte, wurde jenes Land von einer großen Hungersnot heimgesucht. Da geriet auch er in Schwierigkeiten. In seiner Not wandte er sich an einen Bürger des Landes, und dieser schickte ihn zum Schweinehüten auf seine Felder. Er wäre froh gewesen, wenn er seinen Hunger mit den Schoten, die die Schweine fraßen, hätte stillen dürfen, doch 'selbst davon wollte' ihm keiner etwas geben.
Lukas 15,14–16

Schweine gehören nach dem Gesetz Mose zu den unreinen Tieren. Deshalb bedeutet es eine große Erniedrigung für den Verlorenen Sohn, gerade sie hüten zu müssen. Noch tiefer sinkt er, als er sogar das Futter der Schweine essen will.

1618 schuf der berühmteste Maler des Barock, Peter Paul Rubens, dieses Bild, das den Verlorenen Sohn am tiefsten Punkt seines selbstverschuldeten Elends zeigt.

Das Gleichnis vom Verlorenen Sohn ist in der rechten unteren Ecke des Gemäldes, fast schon am Rande, dargestellt. Den größten Teil des Bildes nimmt ein Stall mit Pferden, Kühen und Schweinen ein. Alle Einzelheiten sind sehr ausführlich und genau festgehalten: das Gebäude mit seinen Balken, Stützen und Wänden, die Wagenräder über dem Stand für die Kühe, Körbe, ein Seil, Schaufeln, Besen und im Vordergrund ein Pferdegeschirr.

Mehrere Personen gehen im Stall ihrer Arbeit nach. Im Schein der Wandlampe füllt ein Knecht mit einer Gabel Heu in die Futterraufe. Ein anderer fegt im Kuhstall und sieht über die Schulter zum Verlorenen Sohn hin, der neben dem Schweinetrog kniet. Sein Haar ist zerzaust, seine bloßen Beine sind schmutzig und er friert in seinen völlig zerrissenen Kleidern.

Vermutlich hat der halb Verhungerte die Magd, die gerade die Schweine füttert, darum gebeten, von deren Futter essen zu dürfen, denn ihr Gesicht zeigt Erstaunen über sein Verhalten. Der nach oben gerichtete Blick des Verlorenen Sohnes läßt aber erkennen, daß er sich an diesem dramatischen Tiefpunkt seines Lebens wieder auf seinen Vater besinnt.

Bild 33
Der Verlorene Sohn *(1618)*
Peter Paul Rubens (1577-1640)
Öl/Holz, 108 x 156 cm
Antwerpen, Koninklijk Museum voor Schone Kunsten

DAS GLEICHNIS VOM VERLORENEN SOHN 4

'Jetzt' kam er zur Besinnung. Er sagte sich: ‚Wie viele Tagelöhner hat mein Vater, und alle haben mehr als genug zu essen! Ich dagegen komme hier vor Hunger um. Ich will mich aufmachen und zu meinem Vater gehen und zu ihm sagen: Vater, ich habe mich gegen den Himmel und gegen dich versündigt; ich bin es nicht mehr wert, dein Sohn genannt zu werden. Mach mich zu einem deiner Tagelöhner!' Lukas 15,17-19

Der Kupferstecher und Holzschneider Hans Sebald Beham, der 1550 in Frankfurt am Main im Alter von 50 Jahren starb, war ein Schüler Albrecht Dürers. Als Anhänger der neuen geistigen Kräfte seiner Zeit, des Humanismus und der Reformation, beteiligte sich der Nürnberger immer wieder aktiv an politischen Kämpfen. Mit christlichen Themen befaßte sich der Künstler seltener. Der hier abgebildete Kupferstich gehört zu einer fünfteiligen Folge zum Gleichnis vom Verlorenen Sohn.

Der Verzweifelte kniet am Waldrand zwischen den Schweinen. Er hat erkannt, daß es selbst den Tagelöhnern seines Vaters besser geht als ihm. Auf lateinisch erscheinen daher am unteren Bildrand die Worte der Reue: „Ich habe gesündigt gegen den Himmel und vor dir".

Die Hände des Sohnes sind zum Gebet gefaltet, sein Blick richtet sich zum Himmel. Er wendet sich dem Hintergrund zu. Dort führt ein Weg an bizarren Felsen vorbei zu einer Gebäudegruppe mit dem Haus seines Vaters. Auch hier erinnern die Fassade und der Dachreiter an eine Kirche oder Kapelle. Damit wird der Kerngedanke des Gleichnisses veranschaulicht: die stets mögliche Umkehr zu Gott.

Bild 34
Die Einkehr des Verlorenen Sohnes *(1538)*
Hans Sebald Beham (1500-1550)
Kupferstich, 7,2 x 11,5 cm

DAS GLEICHNIS VOM VERLORENEN SOHN 5

So machte er sich auf den Weg zu seinem Vater. Dieser sah ihn schon von weitem kommen; voller Mitleid lief er ihm entgegen, fiel ihm um den Hals und küßte ihn. ‚Vater‘, sagte der Sohn zu ihm, ‚ich habe mich gegen den Himmel und gegen dich versündigt; ich bin es nicht mehr wert, dein Sohn genannt zu werden.‘ Lukas 15,20-21

Max Slevogt ist einer der bekanntesten Vertreter des Impressionismus in Deutschland. Trotzdem beschäftigte er sich mit religiösen Themen. Das Gemälde vom Verlorenen Sohn entstand nach dem Besuch einer Rembrandt-Ausstellung, die den Künstler tief beeindruckte und seine künftige Malweise beeinflußte.

Slevogt hat für sein Bild die Form eines Triptychons gewählt. Der linke Flügel zeigt das zügellose Leben des ‚Verlorenen‘ bei den Dirnen und der rechte sein Elend und die Einsamkeit, nachdem er das Vermögen durchgebracht hat. Die Mitteltafel schließlich ist seiner Heimkehr gewidmet.

Der Maler hat den Gegensätzen von Ausschweifung und Rechtschaffenheit, Elend und Reichtum, ängstlicher Scheu und höchster Erregung durch den Wechsel von Hell und Dunkel, aber auch mit verschiedenen Farbtönen Ausdruck verliehen.

Die Szene im Bordell ist in helles Licht getaucht, leuchtende Farben und bewegte Körper geben die erregte Stimmung wieder. Auf der anderen Seite kauert der Sohn regungslos am Boden des dunklen Raumes, nackt und zutiefst niedergeschlagen. Der grellen Buntheit des linken und der Düsternis im gegenüberliegenden Flügel steht im Mittelteil die behagliche Atmosphäre des Vaterhauses gegenüber. Der Vater geht dem Heimkehrenden nicht entgegen, sondern hält sich mit seinem älteren Sohn in dem Zimmer auf, in das zu ihrer großen Überraschung der Verlorene Sohn eintritt. Der Vater wendet sich ihm mit weit geöffneten Augen, erhobenen Armen und gespreizten Fingern zu. Der ältere Sohn blickt dagegen unbewegt zur Tür.

Die Einrichtung des Raumes und die prächtige Kleidung der beiden Männer verraten den Reichtum der Familie. Dagegen ist das Aussehen des Heimkehrers mitleiderregend. Nur einen Stoffetzen hat er um Hüfte und Beine geschlungen. In gebückter Haltung erhebt er scheu die rechte Hand zum Gruß, denn er kann die Reaktion des Vaters noch nicht abschätzen.

Slevogt beläßt es bei dieser spannungsgeladenen Gegenüberstellung, der weitere Verlauf der Geschichte bleibt offen. Der Künstler zeigt nicht die verzeihende Güte des Vaters, von der Lukas berichtet, sondern die Verunsicherung des Zurückkehrenden, der nicht weiß, wie er empfangen wird.

Bild 35
Der Verlorene Sohn *(1898/99)*
Max Slevogt (1868-1932)
Öl/Leinwand, Mittelbild 110,5 x 98 cm,
Flügel je 110,5 x 50 cm
Stuttgart, Staatsgalerie

Impressionismus: (französisch impression = Eindruck) In den 60er Jahren des 19. Jahrhunderts in Frankreich entstandener revolutionärer Stil. Er wurde im letzten Jahrzehnt desselben Jahrhunderts von Max Slevogt, Max Liebermann und Lovis Corinth in Deutschland aufgegriffen. Die Impressionisten wandten sich der Freilichtmalerei zu und versuchten die Flüchtigkeit der Natur, der Figuren und Gegenstände festzuhalten. Charakteristisch ist neben der Auflösung klar abgegrenzter Konturen zugunsten von fließenden Übergängen die helle Farbpalette.

Triptychon: (griechisch = dreifach gefaltet) Dreiteiliges Bild, das in der Regel aus einem breiten Mittelteil und zwei schmalen, meist schwenkbaren Seitentcilen besteht. Diese Bildform entstand im Mittelalter als ein neuer Altartypus, dem Flügelaltar. Im 15. und 16. Jahrhundert waren Flügelaltäre (auch mit mehreren Flügelpaaren) in großen Teilen Europas verbreitet.

Doch der Vater befahl seinen Dienern: ,Schnell, holt das beste Gewand und zieht es ihm an, steckt ihm einen Ring an den Finger und bringt ihm ein Paar Sandalen! Holt das Mastkalb und schlachtet es; wir wollen ein Fest feiern und fröhlich sein. Denn mein Sohn war tot, und nun lebt er wieder; er war verloren, und nun ist er wiedergefunden.' Und sie begannen zu feiern.
Der ältere Sohn war auf dem Feld gewesen. Als er jetzt zurückkam, hörte er schon von weitem 'den Lärm von' Musik und Tanz. Er rief einen Knecht und erkundigte sich, was das zu bedeuten habe. ,Dein Bruder ist 'zurück'gekommen', lautete die Antwort, ,und dein Vater hat das Mastkalb schlachten lassen, weil er ihn wohlbehalten wiederhat.'
Der ältere Bruder wurde zornig und wollte nicht 'ins Haus' hineingehen. Da kam sein Vater heraus und redete ihm gut zu. Aber er hielt seinem Vater vor: ,So viele Jahre diene ich dir jetzt schon und habe mich nie deinen Anordnungen widersetzt. Und doch hast du mir nie 'auch nur' einen Ziegenbock gegeben, so daß ich mit meinen Freunden hätte feiern können! Und nun kommt dieser 'Mensch' da 'zurück', dein Sohn, der dein Vermögen mit Huren durchgebracht hat, und du läßt das Mastkalb für ihn schlachten!'
,Kind', sagte der Vater zu ihm, ,du bist immer bei mir, und alles, was mir gehört, gehört auch dir. Aber 'jetzt' mußten wir doch feiern und uns freuen; denn dieser hier, dein Bruder, war tot, und nun lebt er 'wieder'; er war verloren, und nun ist er wiedergefunden.'" Lukas 15,22-32

Der italienische Maler Giovan Francesco Barbieri, genannt Guercino, ist einer der Hauptvertreter der Kunst des Hochbarock. Für sein Gemälde ,Die Rückkehr des Verlorenen Sohnes' wählte er als Motiv den Moment des Gleichnisses aus, in dem der Vater seinem heimgekehrten Sohn neue Gewänder bringen läßt.

Im Mittelpunkt der Handlung steht der Vater, der liebevoll seinen Arm um den Sohn gelegt hat. Gleichzeitig wendet sich der Hausherr an den Diener, der von links hinzutritt und ein weißes Hemd und feine Kleider über dem Arm trägt. Der Vater weist mit einer Hand auf seinen Sohn, um dem Diener zu zeigen, für wen die Sachen bestimmt sind. Dieser reicht dem Sohn eine pelzverbrämte und mit einer Brosche besetzte Kappe.

Ein dunkler Wandbehang mit einer senkrechten hellen Borte schließt die Szene nach hinten ab. Durch die Butzenscheiben an der Rückwand fällt Licht auf die Dreiergruppe. Ein Hund hat den Heimgekehrten wiedererkannt und springt voller Freude an ihm hoch.

Während der junge Mann als äußeres Zeichen seiner Umkehr das Hemd wechselt – vielleicht dachte der Maler hier an den frühchristlichen Brauch, wonach frisch Getaufte ein neues Kleid anzogen – bleibt sein Gesicht ganz im Dunkeln. Der ausgestreckte Arm ragt dagegen weit in das helle Licht auf der linken Bildhälfte hinein. Mit entblößtem Oberkörper, aber noch in der alten, zerrissenen Hose, steht der Heimgekehrte nun da. Der Gegensatz zur feinen Kleidung der anderen beiden wird auf diese Weise besonders augenfällig.

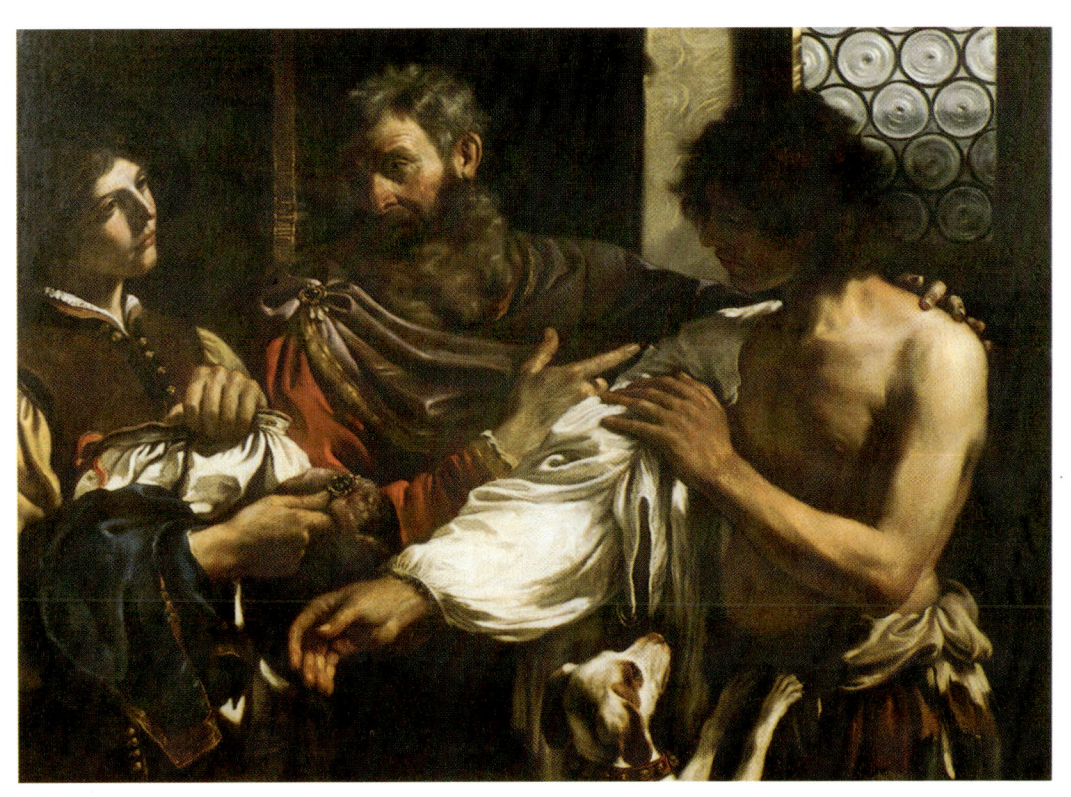

Bild 36
Die Rückkehr des Verlorenen Sohnes *(ca. 1627/28)*
Giovan Francesco Barbieri, genannt Guercino (1591-1666)
Öl/Leinwand, 125 x 163 cm
Rom, Galleria Borghese

JESUS UND DER TEMPEL

Der Tempel in Jerusalem war zur Zeit Jesu der kultische Mittelpunkt des religiösen Lebens der Juden. Dort waren die in theologischen Fragen maßgebenden Männer, die Schriftgelehrten und Pharisäer, anzutreffen. Auch Jesus hielt sich, wenn er in Jerusalem war, häufig im Tempel auf und predigte.

Obwohl Jesus anfänglich versuchte, dem Konflikt mit der geistlichen Obrigkeit aus dem Weg zu gehen, brachte er die Führer der Juden gegen sich auf. Diese fürchteten um ihren Einfluß, als sich immer mehr Anhänger um Jesus scharten. Außerdem legte Jesus viele Regeln aus den Büchern Mose anders aus als es die religiösen Lehrer bisher getan hatten. Er betonte, daß allein das in der Heiligen Schrift festgehaltene Wort Gottes maßgeblich sei, insbesondere die Zehn Gebote.

Es kam zur offenen Feindschaft zwischen Jesus, den jüdischen Schriftgelehrten und den Pharisäern. Zuletzt versuchten seine Gegner, ihn durch verfängliche Fragen der Gotteslästerung zu überführen. Um eine Verurteilung Jesu durch die weltliche Gerichtsbarkeit zu erreichen, die den römischen Besatzern vorbehalten war, mußte der Beweis dafür erbracht werden, daß Jesus die Herrschaft der Römer angreife. Doch dieser durchschaute die List seiner Widersacher. Die Gleichnisse von den blinden Blindenführern und von den bösen Weingärtnern richteten sich direkt gegen die geistlichen Führer der Juden.

Diese Auseinandersetzung beschäftigte auch die Künstler immer wieder. Schon im Mittelalter wurde in diesem Zusammenhang die Begnadigung der Ehebrecherin durch Jesus recht häufig dargestellt, und im 16. Jahrhundert wurde der ‚Zinsgroschen‘ ein beliebtes Motiv.

DIE TEMPELSTEUER 1

Als Jesus und seine Jünger nach Kafarnaum kamen, traten die Männer, die die Tempelsteuer einzogen, an Petrus heran und fragten: „Zahlt euer Meister eigentlich keine Tempelsteuer?" „Doch!" erwiderte Petrus. Als er dann ins Haus kam, fragte ihn Jesus, noch ehe er etwas von dem Vorfall erzählen konnte: „Was meinst du, Simon, von wem erheben die Könige dieser Erde Zölle und Steuern? Von ihren eigenen Söhnen oder von den anderen Leuten?" „Von den anderen Leuten", erwiderte Petrus. Da sagte Jesus zu ihm: „Also sind die Söhne davon befreit. Damit wir ihnen aber keinen Anstoß geben, geh an den See und wirf die Angel aus. Nimm den ersten Fisch, den du fängst, und öffne ihm das Maul. Du wirst darin ein Vierdrachmenstück finden. Nimm es und bezahle damit die Tempelsteuer für mich und für dich!" Matthäus 17,24-27

Die Drachme ist eine zu jener Zeit im Vorderen Orient gängige Silbermünze, nach der die Höhe der Tempelsteuer festgelegt wurde. Jeder erwachsene männliche Jude hatte jedes Jahr eine Doppeldrachme zu entrichten, das entsprach in etwa dem Lohn von zwei Tagen. Die Steuer durfte aber nur mit Münzen ohne ein aufgeprägtes Herrscherbildnis bezahlt werden (Bildnisverbot, 2.Mose 20,4). Deshalb standen im Tempel Geldwechsler bereit, die das handelsübliche Geld in ‚heilige' Münzen umtauschten. Mehrere jüdische Gruppen, wie zum Beispiel die Sadduzäer, lehnten es zur Zeit Jesu ab, die Abgabe zu leisten. Auch Jesus war der Ansicht, daß er als Sohn Gottes davon befreit sein müßte. Um aber einem Konflikt mit den Priestern aus dem Weg zu gehen, zeigte er sich bereit, die Steuer zu zahlen.

Masaccio gilt, obwohl er nur 27 Jahre alt wurde, als bedeutendster Maler der Frührenaissance in Florenz. Die konsequente Anwendung der damals neu entdeckten, mathematisch konstruierten Perspektive ermöglichte es ihm, die Welt so wiederzugeben, wie das menschliche Auge sie wahrnimmt. Masaccio wurde dadurch für die nachfolgenden Generationen zum bewunderten Vorbild. Dabei bedeutete die Ausmalung der Brancacci-Kapelle in Florenz einen ersten Höhepunkt in der Entwicklung dieser neuen Malweise. Gemeinsam mit seinem Lehrer Masolino schuf Masaccio dort in der Kirche Santa Maria del Carmine im Auftrag der reichen Kaufmannsfamilie Brancacci Fresken mit Szenen aus dem Leben Petri.

Vor einer kargen, spärlich bewachsenen Ebene, die von einer grauen Hügelkette eingeschlossen wird, bildet Masaccio gleich drei Momente aus dem Gleichnis von der Tempelsteuer ab und bietet damit eine der ausführlichsten Darstellungen dieses Themas. Im Gegensatz zu vielen anderen Künstlern stellt er aber nicht das Wunder, daß Petrus die Münze findet, in den Mittelpunkt, sondern den Befehl, den Jesus dem Jünger erteilte.

In der Mitte des Gemäldes haben sich die Jünger um Jesus versammelt. Unabhängig davon, ob diese Personen ganz vorne oder etwas weiter hinten stehen, befinden sich alle ihre Köpfe im Bild auf der gleichen Höhe. Diese ‚Isokephalie'

Bild 37
Die Tempelsteuer *(1426/28), Masaccio (1401-1428)*
Fresko, 255 x 595 cm
Florenz, Santa Maria del Carmine, Cappella Brancacci

genannte Anordnung wurde im Mittelalter häufiger gewählt; nach Masaccio ist sie in der abendländischen Kunst jedoch kaum noch anzutreffen.

Von rechts ist der Steuereinnehmer herangetreten. Mit dem Rücken zum Betrachter verlangt er von Jesus die Bezahlung der Tempelsteuer. Jesus weist Petrus mit ausgestrecktem Arm an, eine entsprechende Münze aus dem See zu holen. Der Apostel nimmt diese Gebärde mit seiner Rechten auf, sein Gesichtsausdruck läßt aber Zweifel am Erfolg des Auftrags erkennen. Die anderen Jünger verfolgen das Geschehen aufmerksam. Wie in vielen Kunstwerken aus der frühen Neuzeit tragen sie als heilige Personen antikische Gewänder. Der Steuereintreiber ist als weltliche Figur dagegen für das 15. Jahrhundert zeitgemäß gekleidet. Die Jünger, deren Nimben auffallend flach geneigt sind,

weisen jeweils eigene charakteristische Gesichtszüge auf. Masaccio hat allerdings mindestens ein Gesicht zweimal abgebildet: Das Profil des jugendlichen, blonden Mannes aus der Mittelgruppe erscheint rechts noch einmal.

Am linken Bildrand kniet Petrus vornübergeneigt am Ufer des Sees. Sein gelbes Obergewand hat er abgelegt. Mit der linken Hand hält er einen Fisch am Kopf fest und holt mit der anderen das Geldstück aus seinem Maul.

Rechts nimmt der Steuereintreiber vor der Eingangsarkade des Hauses die Münze entgegen. Haltung und Gesichtsausdruck zeigen seine Überzeugung, das Geld zu Recht eingefordert zu haben. Der im Mittelteil noch selbstsicher auftretende Petrus ist durch den Fund der Münze im Fischmaul nachdenklich geworden.

Die heute in Liverpool aufbewahrte Elfenbeinplatte mit dem Relief ‚Petrus findet den Stater im Maul des Fisches‘ gehört zu einer Folge von ursprünglich etwa 40 bis 50 Tafeln zum Leben Jesu. Von diesem erstaunlich umfangreichen Zyklus sind 16 Teile, weit verstreut über mehrere Sammlungen, bis heute erhalten geblieben. Über die Herkunft und den Verwendungszweck dieser Bildwerke ist leider nichts Genaues bekannt.

Dank eines Stifterbildes auf einer der Tafeln konnte jedoch Kaiser Otto der Große als Auftraggeber bestimmt werden. Damit dürfte die Entstehungszeit zwischen 962 und 973 liegen. Wahrscheinlich ließ Otto der Große aus den Elfenbeinreliefs ein Antependium für den neugegründeten Dom in Magdeburg fertigen, das dann aber bereits im hohen Mittelalter wieder zerlegt wurde.

Die Elfenbeintafel stellt die Entsendung Petri und die Auffindung der Münze aus der biblischen Erzählung zur Tempelsteuer dar. Vor einem durchbrochenen schachbrettartig gemusterten Hintergrund steht Jesus. Ein bärtiger, etwas kleinerer Mann blickt mit weit aufgerissenen Augen über dessen Schulter. Er berührt dabei mit der einen Hand den Rücken Jesu und faßt mit der anderen an sein Übergewand. Auf Grund dieser vertraulichen Gesten und wegen des langen, antikischen Gewandes dürfte es sich um einen Jünger handeln. Hinter den beiden zeigen sich zwei Gesichter und die Kopfbedeckungen von weiteren Aposteln.

Jesus neigt seinen Kopf in Richtung des knienden Petrus und berührt ihn mit dem Zeigefinger an der Schulter. Petrus hält noch die Angel in der Hand und greift dem großen Fisch ins Maul; dabei blickt er fragend auf den hinter ihm stehenden Jesus.

Auffallend an dieser kleinen Elfenbeintafel sind die streng zweidimensionale Gestaltungsweise und der Verzicht auf jegliche inhaltliche oder motivische Ausschmückung. Gesten und Mimik der Handelnden sind einfach und ruhig. Alles konzentriert sich auf die Erteilung des Auftrags und seine Ausführung. Diese beiden aufeinanderfolgenden Ereignisse scheinen im Bild gleichzeitig stattzufinden und sind hier untrennbar miteinander verbunden. Dieses typisch mittelalterliche Prinzip wird insbesondere von Petrus verkörpert, der gerade erst den Befehl von Jesus erhält und auch schon den Stater findet.

Die übergroße Hand Jesu in der Mitte des Reliefs, genau im Schnittpunkt der Diagonalen, ist Ausdruck seiner Macht. Mit ihr bewirkt Jesus das Wunder und mit ihr beauftragt er Petrus, den Fisch zu fangen und die Münze aus dessen Maul zu nehmen.

Stater: Münze mit dem Wert von zwei Doppeldrachmen; Vierdrachmenstück. Antependium: Verkleidung der Vorderseite eines Altars, für die zumeist Holz, Metall oder kostbarer Stoff, aber nur selten Elfenbein verwendet wurde. Der Altarvorsatz war in der Regel ein prunkvolles Ausstattungsstück von hohem materiellem und künstlerischem Wert.

Bild 38
Petrus findet den Stater im Maul des Fisches *(um 970)*
Tafel vom sog. Magdeburger Antependium
Elfenbein, 12,8 x 11,8 cm
Liverpool, National Museums and Galleries on Merseyside

DAS GLEICHNIS VON DEN BLINDEN

Jesus gebrauchte noch einen Vergleich; er sagte: „Kann ein Blinder einen Blinden führen? Werden nicht beide in die Grube fallen?" Lukas 6,39 (auch bei Matthäus 15,12-14)

Blindheit wird hier im übertragenen Sinn als ein Zeichen der Sünde verstanden. In der Niederländischen Malerei des 16. und 17. Jahrhunderts war der ‚Sturz der Blinden‘ ein beliebtes Thema, das in der Kunst aber sonst nur selten aufgegriffen wurde.

Maerten van Cleve war in der zweiten Hälfte des 16. Jahrhunderts als Maler in Antwerpen tätig. In seinen kleinformatigen, satirischen Genrebildern wurde er stark von seinem berühmten Zeitgenossen Pieter Brueghel d. Ä. beeinflußt. Bei seinem ‚Blindensturz‘ hat sich Maerten van Cleve in Stil und Komposition an das gleichnamige Gemälde Brueghels angelehnt, das sich heute im Besitz der Nationalgalerie in Neapel befindet.

Schauplatz des Bildes von Maerten van Cleve ist eine flache und winterlich karge Landschaft, die von wenigen kahlen Bäumen und einfachen Bauernhäusern geprägt ist. Eine Gruppe von blinden Männern bewegt sich auf den Bach zu, der die Ebene durchzieht. Sie halten sich jeweils am Gewand oder Stock ihres Vordermanns fest, um sich nicht zu verlieren. Trotzdem geraten sie auf Abwege. Obwohl sie ein kleiner Hund, der sich losgerissen hat, noch zu warnen versucht, verfehlen sie den schmalen Steg am unteren Bildrand um wenige Meter. Schon liegt der vorderste der sieben Blinden auf dem Rücken im flachen Wasser und der zweite stürzt mit erschrockenem Gesichtsausdruck hinterher.

Die anderen haben von dem Unglück ihrer Gefährten noch nichts bemerkt und folgen ohne zu zögern den Gestürzten nach. Nur der vierte hält sich die Hand an das Ohr – vielleicht hat er ein Geräusch oder gar einen Schrei gehört – doch auch er hält in seinem Marsch nicht inne. In blindem Vertrauen zu ihrem unfähigen Anführer werden sie wohl bald alle im Bach liegen.

Bild 39
Der Blindensturz *(um 1570)*
Maerten van Cleve (1527-1581)
Öl/Holz, 51 x 65 cm
Wien, Kunsthistorisches Museum
(Als Leihgabe in der Residenz Salzburg)

CHRISTUS VERTEIDIGT DAS ÄHRENAUSRAUFEN AM SABBAT

An einem Sabbat ging Jesus durch die Felder. Seine Jünger fingen an, am Weg entlang Ähren abzureißen 'und die Körner zu essen'. Da sagten die Pharisäer zu ihm: „Hast du gesehen, was sie da tun? Das ist doch am Sabbat nicht erlaubt!" Jesus entgegnete: „Habt ihr nie gelesen, was David tat, als er und seine Begleiter nichts 'zu essen' hatten und Hunger litten? Wie er damals – zur Zeit des Hohenpriesters Abjatar – ins Haus Gottes ging und von den geweihten Broten aß, von denen doch nur die Priester essen dürfen, und wie er auch seinen Begleitern davon gab?" Und Jesus fügte hinzu: „Der Sabbat ist für den Menschen gemacht, nicht der Mensch für den Sabbat. Darum ist der Menschensohn Herr auch über den Sabbat." Markus 2,23-28 (auch bei Matthäus 12,1-8)

Am Sabbat (= Samstag), dem siebten Tag der Woche, den Gott nach der Schöpfung zum Ruhetag bestimmte, ist den Juden nach dem Gesetz Mose jegliche Arbeit untersagt. Dieses Verbot wurde immer strenger ausgelegt, so daß den gläubigen Juden durch die Sabbatvorschriften selbst viele einfache Verrichtungen des täglichen Lebens nicht erlaubt waren. Jesus wendet sich gegen diese starren Regelungen, die ihren eigentlichen Sinn verloren hatten, nämlich das Ruhen zu Ehren Gottes.

Zu Maerten I. van Valckenborch siehe auch Bild 19.

Maerten I. van Valckenborchs Monatsbild ‚August' gehört zum selben Zyklus wie das in Bild 19 gezeigte Gemälde zum Mai mit dem ‚Gleichnis von den Lilien auf dem Feld'. Der Maler stellt in Bild 40 die Ernte im Hochsommer dar. Als dazu passende neutestamentliche Erzählung hat er das ‚Ährenausraufen der Jünger am Sabbat' ausgewählt. In der Mitte schwebt unter den Zweigen der großen Eiche zudem, nur schwach erkennbar, das Sternzeichen der Jungfrau.

Getreidefelder und hohe Bäume prägen die hügelige Landschaft. Rechts liegt ein Dorf mit einer gotischen Kirche und links auf einer Anhöhe befindet sich ein großer Gutshof mit vielen Nebengebäuden. Die Getreideernte ist in vollem Gange. Ganz links trifft ein vollbeladener Wagen bei der Scheune ein. Auf den Feldern schneiden Bauern mit Sicheln das Korn, Knechte und Mägde binden es zu Garben. Andere Erntearbeiter pflücken auf hohen Leitern Obst, während unter einem hohen Baum sich eine Gruppe zusammenfindet, um eine Pause machen.

Indessen streiten vorne die Pharisäer mit Jesus über die Sabbatruhe. Mit großem Geschick hat der Maler diese beiden Gegebenheiten, die sich im Grunde gegenseitig ausschließen, in einem einzigen Bild zusammengefaßt. Eine Inschrift auf einem Felsblock in der linken unteren Bildecke gibt den Abschnitt in der Bibel an, der die Vorlage für die Szene lieferte. Auch am linken oberen Bildrand findet sich neben dem Titel des Gemäldes ein Hinweis auf Matthäus 12.

Einige der Jünger stehen auf einem Weg, der zwischen den Getreidefeldern berg-

Bild 40
Christus verteidigt das Ährenausraufen am Sabbat (August) *(um 1580/90)*
Maerten I. van Valckenborch (1535-1612)
Öl/Leinwand, 86 x 123 cm
Wien, Kunsthistorisches Museum

auf führt, und reißen Ähren ab. Andere
schieben sich gerade eine Handvoll
Körner in den Mund. Sie scheinen von
der Auseinandersetzung zwischen ihrem
Meister und den Pharisäern überhaupt
nichts zu bemerken. Jesus wehrt mit der
nach oben geöffneten rechten Hand gelassen den Einwand ihres rotgekleideten
Anführers ab. Seine Mimik und Gestik
verraten, daß er gerade den Vorwurf des
Pharisäers, gegen die religiösen Sabbat-
gesetze zu verstoßen, mit einer Gegenfrage zurückweist.

CHRISTUS UND DIE EHEBRECHERIN 1

Früh am Morgen war Jesus wieder im Tempel. Das ganze Volk versammelte sich um ihn, und er setzte sich und begann zu lehren. Da kamen die Schriftgelehrten und die Pharisäer mit einer Frau, die beim Ehebruch ertappt worden war. Sie stellten sie in die Mitte, so daß jeder sie sehen konnte. Dann wandten sie sich an Jesus. „Meister", sagten sie, „diese Frau ist eine Ehebrecherin; sie ist auf frischer Tat ertappt worden. Mose hat uns im Gesetz befohlen, solche Frauen zu steinigen. Was sagst du dazu?" Mit dieser Frage wollten sie Jesus eine Falle stellen, um dann Anklage gegen ihn erheben zu können. Aber Jesus beugte sich vor und schrieb mit dem Finger auf die Erde. Als sie jedoch darauf bestanden, auf ihre Frage eine Antwort zu bekommen, richtete er sich auf und sagte zu ihnen: „Wer von euch ohne Sünde ist, der soll den ersten Stein auf sie werfen." Dann beugte er sich wieder vor und schrieb auf die Erde. Von seinen Worten getroffen, verließ einer nach dem anderen den Platz; die ältesten unter ihnen gingen als erste. Zuletzt war Jesus allein mit der Frau, die immer noch da stand, wo ihre Ankläger sie hingestellt hatten. Er richtete sich auf. „Wo sind sie 'geblieben'?" fragte er die Frau. „Hat dich keiner verurteilt?" „Nein, Herr, keiner", antwortete sie. Da sagte Jesus: „Ich verurteile dich auch nicht; du darfst gehen. Sündige von jetzt an nicht mehr!" Johannes 8,2-11

Die Pharisäer wollten erreichen, daß sich Jesus entweder in Widerspruch zum mosaischen Gesetz oder zu den römischen Besatzern brachte, denn diese erlaubten den Juden nicht, ein Todesurteil zu vollstrecken. Auch Jesus hielt Ehebruch für eine Sünde. An anderer Stelle sagte er sogar, daß schon der begehrende Blick auf eine fremde Frau die Ehe breche (Matthäus 5,28). Dennoch ließ er die Sünderin straflos gehen und gab damit ein Beispiel für die Barmherzigkeit Gottes.

Der venezianische Maler Lorenzo Lotto zog zeitlebens zwischen den Kunstzentren Venedig, Treviso, Rom und Bergamo hin und her. Er nahm dabei immer wieder neue Anregungen in seine ursprünglich venezianisch geprägte Kunst auf und gilt als ein Vorläufer des manieristischen Stils.

Der Maler hat für sein Bild den Moment der Anklage der Sünderin ausgewählt. In einer bunten, lebhaft bewegten Menschenmenge steht Jesus neben der Ehebrecherin, einer schönen jungen Frau mit zarter heller Haut und perlengeschmücktem blondem Haar. Ihre Kleidung deutet auf das ihr zur Last gelegte unmoralische Verhalten hin: Sie trägt ein beinahe durchsichtiges schulterfreies Gewand, darüber einen leuchtend grünen Mantel, mit dem sie versucht, ihre entblößte Brust zu verhüllen. Mit leicht gesenktem Kopf und geöffnetem Mund wartet sie in großer Angst auf ihre Strafe. Ein Soldat in einer Eisenrüstung hält die Frau an ihrem Zopf fest.

Von rechts kommen zwei Männer auf Jesus zu. Der ältere der beiden bringt das Anliegen der erregten Menge vor, indem er an den Fingern die Möglichkeiten für die Behandlung der Ehebrecherin aufzählt. Der jüngere wirft jedoch selbst mit weit aufgerissenen Augen einen begehrlichen Blick auf die teilweise entblößte

Bild 41
Christus und die Ehebrecherin *(um 1530/35)*
Lorenzo Lotto (1480-1556)
Öl/Leinwand, 124 x 156 cm
Paris, Musée de Louvre

Gestalt der Frau. Auch andere Männer sind von ihrer Erscheinung sehr angetan.

Ihr Verhalten zeigt an, was im weiteren Verlauf der Geschichte zutage tritt: Auch die Ankläger selbst, die Pharisäer und Schriftgelehrten, sind nicht ohne Sünde. Sie sündigen sogar gerade jetzt in diesem Augenblick.

In der Mitte der Komposition lenkt Jesus durch sein strahlend rotes Gewand den Blick des Betrachters auf sich. Stumm und mit unbewegter Miene schaut er zu den Anklägern hin, um sie mit erhobener Hand um Ruhe zu bitten. Seine Antwort wird die Männer an ihre eigene Schuld erinnern.

Der Hitda-Codex wurde um 1020 für die Äbtissin Hitda des Klosters in Meschede in Westfalen angefertigt. Er enthält ebenfalls ein Bild zu der Erzählung von der Ehebrecherin. Die Miniaturen dieses von einem Kölner Skriptorium angefertigten Evangelistars sind Meisterwerke der ottonischen Buchmalerei. Typisch für die Bilder dieser Malerschule sind der breit fließende Pinselauftrag, der dramatische Einsatz der Farben und der intensive Ausdruck von Gesten und Augen.

Der wertvolle Codex ist mit zahlreichen Zier- und Bildseiten ausgestattet, darunter 14 ganzseitige Miniaturen zum Leben Jesu, jeweils mit einem lateinischen Titulus. Die Übersetzung des Spruchs zur Darstellung der Ehebrecherin lautet: „Die Sünderin hier ist ein Beispiel für alle Christen, daß der gerechte Richter keinem Sünder Gnade verwehre."

Die Szene spielt sich nicht wie im Bibeltext im Inneren des Tempels ab, sondern vor einer unbestimmbaren blauen Fläche. Am oberen Bildrand sind einige Gebäude zu erkennen, auf deren exakte räumliche Darstellung der Maler wenig Wert gelegt hat. Rechts drängt sich eine Menschenmenge dicht zusammen. Ein bärtiger Mann schiebt die hell gekleidete, beim Ehebruch Ertappte nach vorne. Sie verbirgt beschämt die Hände unter ihrem Kleid und schaut fragend zu Jesus hin.

In der einen Hand hält er eine Schriftrolle, mit dem Zeigefinger der anderen schreibt er die Worte „Terra terram accusat" („Erde klagt Erde an") in den Sand, was sinngemäß bedeutet: „Sünder klagen eine Sünderin an". Entsprechend der typisch mittelalterlichen Bedeutungsperspektive ist Jesus wesentlich größer

Codex: (lateinisch = Holzklotz) In der ursprünglichen Bedeutung gelochte Holztäfelchen, die durch Riemen zusammengehalten und in der Antike vor allem als Notizbuch verwendet wurden. Die Bezeichnung wurde später auf Pergamenthandschriften übertragen, die nicht gerollt, sondern aus einzelnen Blättern zusammengebunden waren.

Evangelistar (oder Perikopenbuch): Ein für die Lesungen während des Gottesdienstes verwendetes Buch. Es enthält Auszüge aus den Evangelientexten (die sogenannten Perikopen), die in der Abfolge der Sonn- und Festtage angeordnet sind, an denen sie gelesen wurden. Für die Auswahl der Perikopen gab es keine festen Vorschriften, so daß regional und zeitlich große Unterschiede auftraten.

Ottonische Buchmalerei: Die Kunst der Buchillustration im Deutschen Reich zur Zeit der ottonischen Herrscher (919-1024). Die Buchmalereien wurden in den Skriptorien von Klöstern hergestellt, die jeweils einen eigenen, für sie charakteristischen Stil aufwiesen. In der Kunstgeschichte werden sie deshalb als ‚Malerschulen' bezeichnet. Die wichtigsten befanden sich in Trier, Köln, Echternach, Regensburg und auf der Insel Reichenau. Ihre Schreiber und Maler waren Mönche und blieben anonym.

Titulus: Text unter einem Bild, der Erläuterungen oder Kommentare zu dessen Inhalt gibt.

als alle seine Widersacher dargestellt. Noch bevor er sich zum Schreiben niederbeugt, sagt Jesus: „Wer von Euch ohne Sünde ist, der soll den ersten Stein auf sie werfen!". Deshalb blicken nur noch die drei ganz vorne stehenden Männer zu ihm hin. Die Pharisäer und

die Schriftgelehrten in den hinteren
Reihen haben jedoch erkannt, daß Jesus
ihnen mit dieser Aufforderung die Hände
gebunden hat. Sie wenden sich beschämt
ab, um sich rasch zu entfernen.

Bild 42
Christus und die Ehebrecherin *(um 1020)*
Hitda-Codex, 29 x 21,8 cm
Darmstadt, Hessische Landesbibliothek
Cod. 1640, fol. 171r

CHRISTUS UND DIE EHEBRECHERIN 3

Der Maler Paolo Caliari erhielt nach seinem Geburtsort Verona den Beinamen ‚Veronese'. 1553 siedelte er nach Venedig über und blieb dort bis an sein Lebensende. Er wurde neben den älteren venezianischen Meistern Tizian und Tintoretto rasch zum meistbeschäftigten Künstler der Stadt und unterhielt eine große Werkstatt.

Das ungewöhnlich breite Bild ‚Christus und die Ehebrecherin' stammt aus einer Serie mit alt- und neutestamentlichen Motiven. Sieben der ursprünglich zehn Gemälde befinden sich heute im Wiener Kunsthistorischen Museum. Teilweise haben Maler aus Veroneses Werkstatt an dem umfangreichen Bildprogramm mitgearbeitet. Auch bei der Tafel mit der Ehebrecherin war dies wohl der Fall.

Den Schauplatz der Szene hat Veronese aus dem Tempelinneren ins Freie, auf den obersten Absatz einer geschwungenen Freitreppe verlegt. Unter einem düsteren, wolkenverhangenen Himmel ragt im Hintergrund die vieltürmige Silhouette einer Stadt auf. Links erhebt sich der Tempel, von dem jedoch nur der untere Teil der Fassade zu sehen ist. Der Maler konzentriert sich in seinem Gemälde auf die beiden Ereignisse, mit denen die Anklage gegen die Ehebrecherin endet: Die Pharisäer laufen auseinander, als sie an ihre eigenen Sünden erinnert werden, und Jesus entläßt die Beschuldigte ungestraft.

Die meisten Männer sind schon gegangen. Rechts läßt sich noch ein Greis mit Kapuze von einem Begleiter die Treppe hinabführen. Ein Söldner eilt wie von panischem Schrecken ergriffen mit geschulterter Hellebarde die Stufen hinunter, links blickt ein anderer Soldat im Gehen noch einmal scheu zurück. Ein vornehm gekleideter Mann steigt die Stufen zum Tempel hinauf, deutet zur Bildmitte und scheint das Geschehene einem außerhalb des Gemäldes stehenden Betrachter zu berichten. Verblüfft liest einer auf dem Boden die Worte, die Jesus dorthin geschrieben hat.

Nur im Zentrum des Bildes, wo Jesus fast regungslos steht, herrscht Ruhe. Durch die weiten, bis auf den Boden fallenden

Bild 43
Christus und die Ehebrecherin *(um 1580)*
Paolo Caliari, genannt Veronese (1528-1588)
Öl/Leinwand, 143 x 288 cm
Wien, Kunsthistorisches Museum

Falten seines Gewandes erscheint er
unverrückbar wie ein Denkmal. Der
Angriff ist an seiner geistigen Über-
legenheit gescheitert. Mit der linken
Hand bedeutet er der jungen Sünderin,
die mit demütig gesenktem Kopf und
niedergeschlagenen Augen vor ihm steht,
daß er sie nicht verurteilen wird.
Erleichtert hat sie sich schon zum Gehen
gewandt und versucht mit beiden
Händen, ihre etwas in Unordnung
geratene Kleidung zusammenzuhalten.

> Hellebarde: Eine etwa zwei Meter lan-
> ge Waffe mit einer Stoßklinge an der
> Spitze. Dahinter sind ein Beil und ein
> Haken angeordnet.

103

DIE FRAGE NACH DER KAISERLICHEN STEUER 1

Daraufhin kamen die Pharisäer 'zusammen' und berieten, wie sie Jesus zu einer Äußerung verleiten könnten, die sich gegen ihn verwenden ließe. Sie schickten ihre Schüler in Begleitung der Anhänger des Herodes zu ihm und ließen ihm folgende Frage vorlegen: „Meister, wir wissen, daß es dir nur um die Wahrheit geht. Wenn du lehrst, wie man nach Gottes Willen leben soll, läßt du dich allein von der Wahrheit leiten und fragst nicht, was die Leute dazu sagen; denn du läßt dich von keinem Menschen beeinflussen, wie angesehen er auch sei. So sag uns nun : Ist es nach deiner Meinung richtig, dem Kaiser Steuern zu zahlen, oder nicht?" Aber Jesus durchschaute ihre böse Absicht. „Ihr Heuchler", sagte er, „warum stellt ihr mir eine Falle? Zeigt mir die Münze, mit der ihr die Steuern bezahlt!" Sie reichten ihm einen Denar. „Wessen Bild und Name ist darauf?" fragte er. Sie antworteten: 'Das Bild und der Name' des Kaisers." Da sagte Jesus zu ihnen: „Dann gebt dem Kaiser, was dem Kaiser gehört, und gebt Gott, was Gott gehört!" Über diese Antwort waren sie so verblüfft, daß sie Jesus 'in Ruhe' ließen und weggingen. Matthäus 22,15-22 (auch bei Markus 12,13-17 und Lukas 20,20-26)

Der venezianische Maler Tizian porträtierte die wichtigsten Persönlichkeiten der Renaissance, darunter auch Päpste und Kaiser. Viele seiner Werke wiesen der Kunst neue Wege. In seiner Darstellung der biblischen Diskussion um die kaiserliche Steuer reduzierte Tizian das Geschehen auf die Konfrontation zwischen Jesus und einem Schüler der Pharisäer.

Den in der Kunst des Mittelalters üblichen Kreuznimbus Jesu hat der Künstler hier durch drei schwache Lichterscheinungen ersetzt. Die beiden Personen heben sich von einem dunklen Hintergrund ab und füllen als Halbfiguren die Bildfläche fast vollständig. Ihre Gegensätzlichkeit hat Tizian in den Gesichtern, der Körperhaltung und der Gebärdensprache wirkungsvoll zum Ausdruck gebracht.

Der Fragende ist aufdringlich nahe an Jesus herangetreten und fordert dreist eine Antwort. Dabei begegnen sich seine derben Finger, mit denen er die Münze hält, und die zarte Hand Jesu, der mit

dem Zeigefinger auf das Geldstück deutet, ohne es zu berühren.

Der lauernde Blick des Abgesandten der Pharisäer verrät seine Durchtriebenheit. Sein Äußeres: der Ohrring, die sonnengegerbte Haut und die dicken, massigen Finger kennzeichnen ihn als Gegenspieler des ideal-schönen Jesus. Die gute Gesinnung eines Menschen wird in der Kunst häufig durch äußere Schönheit angezeigt, niedere Beweggründe dagegen durch derbe Gesichtszüge und grobe Hände.

Jesus wendet sich gelassen dem Eiferer zu und blickt ihm eindringlich in die Augen. Eben war sich der aufdringliche Mann seiner Sache noch ganz sicher. Mit leicht gerunzelter Stirn denkt er jetzt über die für ihn verwirrende Frage nach, wessen Bild und Aufschrift auf der Münze zu erkennen sei.

Kreuznimbus: Heiligenschein, in dem ein Kreuz zu sehen ist. Er ist Gottvater, Christus und dem Heiligen Geist vorbehalten.

Bild 44
Der Zinsgroschen *(um 1516)*
Tizian (1476 oder um 1490-1576)
Öl/Holz, 75 x 56 cm, Dresden, Gemäldegalerie Alte Meister

Typisch für die Gemälde des expressionistischen Malers Emil Nolde sind die bis ins Groteske verzerrten Proportionen der Menschen, sowie die Flächenhaftigkeit seiner Bilder und ihre grellen Farbkontraste. Hell und Dunkel sind ohne Abstufungen unvermittelt nebeneinander gesetzt.

Nolde hat sich häufig mit christlichen Themen befaßt. Er versuchte dabei, die Szenen in ihrer ursprünglichen, jüdischen Umgebung wiederzugeben, indem er Gesichter und Schauplätze nach orientalischen Vorbildern gestaltete. Damit weicht der Maler von einer jahrhundertealten europäischen Tradition ab.

Im Bild ‚Die Zinsmünze' hebt sich das Violett von Jesu Mantel stark vom gelben Boden und von den grünen Palmblättern ab. Sein helles Gesicht mit den roten Lippen kontrastiert wiederum mit dem dunkelblauen Himmel.

Jesus steht zwei alten Männern gegenüber, die gestenreich auf ihn einreden. Die kahlen Köpfe der beiden gesetzestreuen Pharisäer sind ebenso zu groß wie ihre Nasen, Münder, Augen und Hände.

Links beobachtet ein nur halb ins Bild gerückter Mann den Verlauf ihres Gesprächs. In feierlich starrer Haltung hält Jesus die Münze mit vorgestrecktem Unterarm zwischen seinen Fingerspitzen. Damit bringt er zum Ausdruck, wie bedeutungslos das Geldstück für ihn ist. Denn viel wichtiger als irdische Güter ist ihm, daß Gott gegeben wird, was diesem gebührt.

Bild 45
Die Zinsmünze *(1915)*
Emil Nolde (1867-1956)
Öl/Leinwand, 117 x 87 cm, Kiel, Kunsthalle

DIE FRAGE NACH DER KAISERLICHEN STEUER 3

Bartolomeo Manfredi kam um 1600 nach Rom und schloß sich dort eng an die naturalistische Kunstrichtung um Caravaggio an. Da Manfredi seine Gemälde niemals signierte, aber ebenso wie sein berühmter Zeitgenosse mit kräftigen Hell-Dunkel-Effekten arbeitete, wurden seine Werke häufig mit denen seines Vorbildes verwechselt. Auch der abgebildete ‚Tribut an den Kaiser‘ wurde noch bis ins 20. Jahrhundert Caravaggio zugeschrieben.

Ein helles Licht strahlt von links oben in den düsteren Raum und erzeugt auf den Gesichtern und Kleidern der Dargestellten scharfe Kontraste. Hinter Jesus drängen sich drei seiner Jünger und vor ihm die Anhänger des Herodes und ein Pharisäer. Der Mann mit der Rüstung blickt unbeteiligt zum Betrachter hin. Vermutlich hat Manfredi hier einen Zeitgenossen porträtiert, vielleicht sogar den Auftraggeber des Bildes.

Mehr als Tizian und Nolde versucht Manfredi das Geschehen getreu der biblischen Vorlage wiederzugeben. Außerdem fällt die individuelle

Gestaltung der Gesichtszüge und der Hände der Personen auf. Die für das Gleichnis so bedeutsame Münze befindet sich genau auf der Mittelachse des Bildes in der Hand des alten Juden. Mit vornübergebeugter Haltung versucht er, Jesus in die Enge zu treiben. Dieser hält sich jedoch aufrecht, seine Mimik und Gestik zeigen wie die der Jünger Ruhe und Gelassenheit.

Die Herausforderer Jesu haben die Köpfe nach vorne geneigt und warten auf die entscheidende Antwort. Sie sind ganz unterschiedlich charakterisiert. Der Gesichtsausdruck des vordersten mit der Pelzmütze wirkt heuchlerisch und etwas dümmlich. Die beiden anderen scheinen über die Gegenfrage Jesu nach dem Bild und der Aufschrift der Münze nachzudenken. Der eine starrt düster auf das Geldstück, während der älteste, der es vorzeigt, verdutzt aufblickt.

Bild 46
Der Tribut an den Kaiser *(um 1610/20)*
Bartolomeo Manfredi (1582-1622)
Öl/Leinwand, 130 x 191 cm
Florenz, Uffizien, Vasarianischer Korridor

DAS GLEICHNIS VON DEN BÖSEN WEINGÄRTNERN

„Ein Gutsbesitzer legte einen Weinberg an, umgab ihn mit einem Zaun, hob auf dem Gelände eine Grube zum Keltern des Weins aus und baute einen Wachtturm. Dann verpachtete er den Weinberg und verreiste. Als die Zeit der Weinlese kam, schickte er seine Diener zu den Pächtern, um seinen 'Anteil am' Ertrag abholen zu lassen. Doch die Pächter packten seine Diener; einen verprügelten sie, einen anderen schlugen sie tot, und wieder einen anderen steinigten sie. Da schickte der Gutsherr andere Diener, eine größere Zahl als beim ersten Mal; aber mit denen machten sie es genauso. Zuletzt schickte er seinen Sohn zu ihnen, weil er sich sagte: ‚Er ist mein Sohn, vor ihm werden sie Achtung haben.‘ Doch als die Pächter den Sohn sahen, sagten sie zueinander: ‚Das ist der Erbe. Kommt, wir bringen ihn um, dann gehört das Erbe uns!‘ Und sie packten ihn, stießen ihn zum Weinberg hinaus und brachten ihn um. Was wird nun der Besitzer des Weinbergs mit diesen Pächtern machen, wenn er 'zurück'kommt?" Sie antworteten: „Ein böses Ende wird er diesen bösen Leuten bereiten, und den Weinberg wird er an andere verpachten, die ihm zur gegebenen Zeit den Ertrag abliefern." (...) Als die führenden Priester und die Pharisäer diese Gleichnisse hörten, war ihnen klar, daß sie damit gemeint waren. Matthäus 21,33-45 (auch bei Markus 12,1-9 und Lukas 20,9-16)

Jesus erzählte dieses Gleichnis, das einen seiner schärfsten Angriffe auf die geistlichen Führer der Juden darstellt, nach seinem Einzug in Jerusalem. Mit dem Weinberg ist in Anlehnung an Jesaja 5,7 das Volk Israel gemeint. Die Pächter sind die Pharisäer und Priester, denen Jesus vorwirft, selbstsüchtig und rücksichtslos nur auf den eigenen Vorteil bedacht zu sein. Mit der Tötung des Sohnes sagt Jesus seine eigene Passion voraus.

Zum Goldenen Evangelienbuch von Echternach siehe auch die Bilder 26 und 57.

Die Buchmalerei mit dem Gleichnis von den bösen Weingärtnern ist in drei Bildstreifen unterteilt.

Im oberen Abschnitt nimmt das umzäunte Oval des Weinbergs die ganze Bildbreite ein. Links vom großen Turm steht eine hölzerne Kelter. Auf der anderen Seite überreicht der Gutsherr drei Pächtern als Symbol für das Verfügungsrecht mit der rechten Hand feierlich einen Stab und weist mit der linken auf den Weinberg. Dabei überkreuzen sich seine Arme auf ungewöhnliche Weise. Die richtigen Gesten zu zeigen, war dem Künstler offensichtlich wichtiger als die realistische Wiedergabe von Körperhaltungen.

Im mittleren Bildabschnitt hat der Maler den Weinberg ein Stück nach rechts gerückt, so daß der Turm nun vom Rand überschnitten wird. Die Reben sind gegenüber dem oberen Bild kräftig gewachsen. Sie ranken an einem Gerüst hinauf und tragen große Trauben. Links sendet der Besitzer seine Knechte aus. Dabei nimmt er eine ähnliche Haltung ein wie in der ersten Szene, nur streckt er jetzt den Zeigefinger der rechten Hand aus. In der Bildmitte werden die Knechte von den kriegerisch ausgerüsteten Pächtern ermordet: einer wird mit einem langen Stock erschlagen, ein anderer gesteinigt und ein dritter mit einer Lanze erstochen.

Im unteren Bild geschieht erneut eine Bluttat; diesmal ist der Sohn das Opfer. Links wird er von seinem Vater auf den

Weg geschickt, rechts zerrt ihn einer der
Pächter, die es auf sein Erbe abgesehen
haben, an den Beinen aus dem Weinberg.
Zwei andere stechen mit Lanzen auf den
Mann ein und töten ihn.

*Bild 47 **Das Gleichnis von
den bösen Weingärtnern** (um 1031)*
Codex Aureus Epternacensis
44,2 x 31,1 cm
Nürnberg, Germanisches Nationalmuseum
Hs. 156142, fol. 77r

DIE SELBSTZEUGNISSE JESU

Immer wieder erklärte Jesus den Menschen, daß er der von den Propheten (Ezechiel/Hesekiel 34,23-31 und Jesaja 11,1-10) im Alten Testament verheißene Messias sei. Dazu verwendete er Sinnbilder, die meist schon aus dem Alten Testament geläufig waren. So geht beispielsweise das Gleichnis vom Guten Hirten auf Psalm 23 zurück.

Mit seinen Selbstzeugnissen stieß Jesus allerdings bei vielen Juden, vor allem bei den Pharisäern, auf Unverständnis, denn im jüdischen Glauben ist es nicht üblich, über sich selbst zu urteilen. Den größten Anstoß erregte er mit seiner Aussage, Gottes Sohn zu sein. Dies war in ihren Augen eine Gotteslästerung und letztlich der Grund für die Verurteilung und Hinrichtung Jesu.

Bilder zu Selbstzeugnissen Jesu finden sich eher selten. Deshalb sind zwei besonders wichtige Aussagen Jesu in diesem Kapitel nicht vertreten: „Ich bin die Auferstehung und das Leben" (Johannes 11,25) und: „Ich bin der Weg und die Wahrheit und das Leben" (Johannes 14,6). Nur der Gute Hirte, in frühchristlicher Zeit das bekannteste Sinnbild für den Gottessohn, und die Begegnung Jesu mit der Samariterin – er bot ihr ‚Wasser des Lebens' an und offenbarte sich ihr als Messias – wurden häufiger dargestellt.

„ICH BIN DAS LICHT DER WELT"

Ein anderes Mal, als Jesus zu den Leuten sprach, sagte er:
„Ich bin das Licht der Welt. Wer mir nachfolgt, wird nicht mehr in der Finsternis
umherirren, sondern wird das Licht des Lebens haben."
Da sagten die Pharisäer zu ihm: „Du redest als Zeuge in eigener Sache. Was du sagst,
ist nicht glaubwürdig." Jesus erwiderte: „Auch wenn ich als Zeuge in eigener Sache
rede, ist das, was ich sage, wahr. Denn ich weiß, woher ich gekommen bin und wohin
ich gehe. Ihr aber wißt weder, woher ich komme, noch, wohin ich gehe. Ihr urteilt nach
menschlichen Maßstäben; ich urteile über niemand. Wenn ich aber doch ein Urteil
ausspreche, dann ist mein Urteil richtig. Denn ich 'handle' nicht allein, sondern 'in
Übereinstimmung' mit dem, der mich gesandt hat, dem Vater." Johannes 8,12-16

William Holman Hunt war einer der berühmtesten englischen Maler des Viktorianischen Zeitalters. 1848 gehörte er zu den Mitbegründern der sich an der Kunst der Vor- und Frührenaissance orientierenden ‚Präraffaeliten'.

Die Bildaussage verbirgt sich in den Werken Hunts häufig hinter der Symbolik realistisch gemalter Details. Dem Betrachter erschließt sich der moralisch-religiöse Hintersinn des Gemäldes ‚Licht der Welt' erst über dessen Titel. In dunkler Nacht steht Jesus an einer Tür, die Hunt als den Zugang zu den Seelen seiner Zeitgenossen sieht. Das Unkraut davor ist hoch aufgeschossen, weil hier schon lange niemand mehr ein- oder ausgegangen ist.

Auf dem Haupt trägt Jesus die Dornenkrone als Zeichen seines Leidens. Das Licht, mit dem er das Dunkel der Welt erhellen will, trägt er in Form einer Laterne bei sich. Mit ihr will er den Geist und die Seele der Menschen erleuchten und ihnen helfen, den rechten Weg zu finden. Doch sein trauriger Gesichtsausdruck verrät, daß ihm niemand öffnet und sich die Welt seiner Botschaft gleichgültig verschließt.

Viktorianisches Zeitalter: Die Zeit der Königin Viktoria von Großbritannien und Irland, die 1837 im Alter von 18 Jahren den Thron bestieg und 1901 starb. Diese Epoche war in ganz Europa geprägt von extremen Widersprüchen. Die industrielle Revolution veränderte die Lebensumstände der Menschen, doch gleichzeitig verhinderten enge moralische Maßstäbe die Entfaltung des Einzelnen.
Präraffaeliten: Die Mitglieder dieser Künstlergruppe wollten wieder so malen wie ‚vor Raffael'. Raffael (1483-1520) repräsentierte für sie die Hochrenaissance mit ihren starren akademischen Normen am umfassendsten. Sie bewunderten vor allem den religiösen Ernst der italienischen und flämischen Künstler des 15. Jahrhunderts und deren Meisterschaft, auch noch kleinste Einzelheiten naturgetreu darzustellen.

Bild 48
Das Licht
der Welt
(1854)
William
Holman Hunt
(1827-1910)
Öl/Leinwand
120 x 60 cm
Oxford
Keble College

„ICH BIN DER WEINSTOCK, IHR SEID DIE REBEN"

„Ich bin der Weinstock, und ihr seid die Reben. Wenn jemand in mir bleibt und ich in ihm bleibe, trägt er reiche Frucht; ohne mich könnt ihr nichts tun. Wenn jemand nicht in mir bleibt, geht es ihm wie der 'unfruchtbaren' Rebe: Er wird weggeworfen und verdorrt. Die 'verdorrten' Reben werden zusammengelesen und ins Feuer geworfen, wo sie verbrennen. Wenn ihr in mir bleibt und meine Worte in euch bleiben, könnt ihr bitten, um was ihr wollt: Eure Bitte wird erfüllt werden. Dadurch, daß ihr reiche Frucht tragt und euch als meine Jünger erweist, wird die Herrlichkeit meines Vater offenbart." Johannes 15,5-8

Der Stukkateur und Freskenmaler Johann Baptist Zimmermann arbeitete fast ausschließlich mit seinem jüngeren Bruder, dem Architekten Dominikus Zimmermann, zusammen. Sie schufen Meisterwerke des süddeutschen Rokoko, von denen die Wieskirche bei Füssen das berühmteste ist.

Zur Ausstattung der zwischen 1725 und 1733 errichteten Sießener Klosterkirche gehören auch die ersten Werke Johann Baptists auf dem Gebiet der Wandmalerei. Das Fresko mit der Darstellung des Weinstocks befindet sich im Zwickelfeld einer Flachkuppel des Langschiffes der Kirche und wird von einer großen Stuck-kartusche eingerahmt.

Johann Baptist Zimmermann hat hier mehrere Motive zusammengefügt, die einander ergänzen und erklären: Auf einem Berggipfel schwebt Jesus in der Haltung des Gekreuzigten vor einem großen Weinstock. Anschaulicher kann ein Maler das Selbstzeugnis Jesu: „Ich bin der Weinstock" kaum zeigen. Die charakteristischen Wundmale Christi fehlen jedoch.

Der Stamm der Rebe wächst aus einem goldenen Kelch empor, in dem sich bei der Feier der Eucharistie der Wein zum Blut Christi wandelt. Der Weinstock bringt viele pralle Trauben hervor. Seine Ranken werden von einem Gerüst aus schlanken Balken gestützt, das vermutlich die Kirche versinnbildlichen soll. Die dunkle Öffnung links unten am Hügel erinnert an ein leeres Grab und verweist auf die Auferstehung Christi.

Rokoko: Von Frankreich ausgehender europäischer Kunststil zwischen etwa 1720/30 und 1770/80. Spielerische, zierliche Formen ersetzen das barocke Pathos.

Kartusche: Gemälde, Inschriften oder Wappen, die von einem teils stark geschwungenen, teils gebrochenen Rahmen eingefaßt sind. In der Zeit des Barock und des Rokoko häufig als Zierelement an Wänden und Decken verwendet.

Eucharistie: (griechisch = Danksagung) Eine der Bezeichnungen in der katholischen Kirche für die Feier, bei der sich während der Messe Brot und Wein durch die Worte Christi und die Anrufung des Heiligen Geistes zu Leib und Blut Christi wandeln. Die evangelische Kirche spricht meist vom Abendmahl.

Bild 49
„Ich bin der Weinstock, ihr seid die Reben" *(1729)*
Johann Baptist Zimmermann (1680-1758)
Fresko, Sießen, Pfarrkirche St. Markus
(ehemalige Klosterkirche der Dominikanerinnen)

CHRISTUS UND DIE SAMARITERIN
AM JAKOBSBRUNNEN 1

Sein Weg führte ihn durch Sychar, eine samaritanische Ortschaft, in deren Nähe das Feld lag, das Jakob 'einst' seinem Sohn Josef gegeben hatte, und wo sich auch der Jakobsbrunnen befand. Es war um die Mittagszeit; müde von der Reise hatte sich Jesus an den Brunnen gesetzt. Seine Jünger waren in den Ort gegangen, um etwas zu essen zu kaufen. Da kam eine samaritanische Frau 'zum Brunnen', um Wasser zu holen. Jesus bat sie: „Gib mir zu trinken!" 'Überrascht' fragte die Frau: „Wie kannst du mich um etwas zu trinken bitten? Du bist doch ein Jude, und ich bin eine Samaritanerin!" (...) Jesus antwortete: „Wenn du wüßtest, worin die Gabe Gottes besteht und wer es ist, der zu dir sagt : ‚Gib mir zu trinken‘, dann hättest du ihn gebeten, und er hätte dir Quellwasser gegeben, lebendiges Wasser." „Herr", wandte die Frau ein (...) „Woher willst du denn dieses lebendige Wasser nehmen? Bist du etwa mehr als unser 'Stamm'vater Jakob, der uns diesen Brunnen gegeben und selbst von seinem Wasser getrunken hat – er und seine Söhne und seine Herden?" Jesus gab ihr zur Antwort: „Jeder, der von diesem Wasser trinkt, wird wieder Durst bekommen. Wer aber von dem Wasser trinkt, das ich ihm geben werde, wird niemals mehr durstig sein. (...)" „Herr, 'bitte' gib mir von diesem Wasser!"sagte die Frau. „Dann werde ich nie mehr Durst haben und muß nicht mehr hierher kommen, um Wasser zu holen." (...) „Ich weiß, daß der Messias kommen wird", entgegnete die Frau. „Wenn er kommt, wird er uns alle diese Dinge erklären." Da sagte Jesus zu ihr: „Du sprichst mit ihm; ich bin es." Johannes 4,5-26

Jesus nahm den kürzesten Weg von Judäa nach Galiläa. Von den Juden wurde diese Strecke gemieden, weil sie durch das Gebiet der Samaritaner führte, mit denen sie in Feindschaft lebten. Da sich jeder Jude einer fremden Frau gegenüber streng zurückzuhalten hatte, ist das Erstaunen der Samaritanerin verständlich, als Jesus sie anspricht.

Zu Duccio di Buoninsegna siehe auch Bild 5.

Duccio malte dieses Bild ebenso wie die in Bild 5 vorgestellte ‚Abschiedsrede an die Apostel‘ für den berühmten Maestà-Altar in Siena. Es gehörte zu den Tafeln mit Ereignissen aus dem Leben Jesu auf der Rückseite der Predella. Mit dem Goldgrund, den im Vergleich zu den Personen viel zu klein dimensionierten Gebäuden und der unrealistischen Gedrängtheit der Szene steht Duccios Werk in der mittelalterlichen Tradition. Die Ansätze zu einer räumlichen Ord-

nung des Bildes und einer Tiefenillusion verweisen aber bereits in die Neuzeit.

Vier Jünger treten aus dem Stadttor von Sychar und machen sich auf den Weg zu ihrem Meister. Im Stoff ihrer Obergewänder tragen sie die erworbenen Nahrungsmittel und richten ihre Blicke auf das Geschehen am Brunnen.

Auf dem Rand des achteckigen Jakobsbrunnens sitzt Jesus. Die Samariterin in der Bildmitte balanciert einen Krug auf dem Kopf und trägt in ihrer Linken einen Schöpfeimer.

Bild 50
Christus und die Samariterin am Jakobsbrunnen *(ca. 1308/11)*
Duccio di Buoninsegna (um 1255/60-1319)
Tempera und Goldgrund/Pappelholz, 43,5 x 46 cm
Madrid, Sammlung Thyssen-Bornemisza

Die Frau schaut zu Jesus auf; damit wird
die Rangordnung deutlich gemacht. Das
Gelb ihres Gewandes ist nach mittelalter-
licher Symbolik die Farbe der Sünde.
Trotzdem sprechen die beiden miteinander, wie ihre zum Redegestus erhobenen
Arme anzeigen.

CHRISTUS UND DIE SAMARITERIN AM JAKOBSBRUNNEN 2

Jan Joest van Kalkar wurde in der niederrheinischen Stadt Wesel geboren und starb im niederländischen Haarlem. Den Namenszusatz erhielt er nach seinem Hauptwerk, den 20 Tafeln des Hochaltars der Nikolaikirche in Kalkar. Von den übrigen Bildern des Jan Joest sind nur wenige erhalten geblieben. Ein weiterer bedeutender Altar des Künstlers befindet sich im fernen spanischen Palencia. Jan Joest van Kalkar ist daher in Deutschland bisher kaum bekannt.

Sein Gemälde mit der Begegnung von Jesus und der Samariterin ist symmetrisch aufgebaut. In der Mitte befindet sich ein achteckiger Brunnen, aus dem mit einem Eimer das Wasser geschöpft werden kann. Jesus sitzt mit erhobener Hand daneben unter einer Baumgruppe. Die Samariterin gießt gerade Wasser in ihren Krug. Sie blickt, ohne ihre Tätigkeit zu unterbrechen, zu Jesus auf, der sie um etwas zu trinken gebeten hat. Die Frau ist darüber so erstaunt, daß sie einen Teil des Wassers verschüttet.

Durch das Felsentor auf der linken Seite kehren die Jünger mit den gekauften Nahrungsmitteln aus der Stadt zurück. Petrus trägt auf einer Platte einen gebratenen Fisch, Jakobus einen Krug. Rechts im Hintergrund liegt die Stadt Sychar. Zwischen ihr und dem Gebirge erhebt sich der Berg Garizim, auf dem die Samariter ihren eigenen Tempel erbauten. Demnach ist das Land Samaria dargestellt, Landschaft und Vegetation wirken dennoch mitteleuropäisch.

Bemerkenswert an der Kunst Jan Joests ist die Genauigkeit, mit der Details wirklichkeitsgetreu wiedergegeben werden. Dies gilt insbesondere für die Pflanzenwelt, für den Brunnen mit dem Eimer an der Kette und für den Wasserstrahl, der sich bis in feinste Tröpfchen zerteilt. Ins Auge fallen aber auch die leichte Vogelperspektive, die nicht maßstabsgetreue, gedrängte Wiedergabe des Raumes und die maskenhafte Ausdruckslosigkeit der Gesichter.

Das mit einem Pelz verbrämte Kleid und die Haube der Samariterin erscheinen zu vornehm für eine Frau, die selbst Wasser holen geht. Möglicherweise hat Jan Joest hier eine Kalkarer Bürgerin porträtiert.

Bild 51
Christus und die Samariterin am Jakobsbrunnen *(1506/08)*
Jan Joest van Kalkar (um 1460-1519)
Hochaltar, rechter Schreinflügel
Öl/Holz, 107 x 86 cm
Kalkar, Nikolaikirche

121

DER GUTE HIRTE 1

„Ich bin der gute Hirte. Ein guter Hirte 'ist bereit', sein Leben für die Schafe herzugeben." Johannes 10,11

„Angenommen, einer von euch hat hundert Schafe, und eins davon geht ihm verloren. Läßt er da nicht die neunundneunzig in der Steppe zurück und geht dem verlorenen nach, bis er es findet? Und wenn er es gefunden hat, nimmt er es voller Freude auf seine Schultern und trägt es nach Hause. Dann ruft er seine Freunde und Nachbarn zusammen und sagt zu ihnen: ‚Freut euch mit mir! Ich habe das Schaf wiedergefunden, das mir verlorengegangen war.' Ich sage euch: Genauso wird im Himmel mehr Freude sein über einen einzigen Sünder, der umkehrt, als über neunundneunzig Gerechte, die es nicht nötig haben umzukehren. " Lukas 15,4-7

Das Motiv des Guten Hirten ist in der frühchristlichen Kunst besonders häufig anzu-treffen. Im Guten Hirten, der das Leben für seine Schafe hingibt, erkannten die unter den römischen Kaisern immer wieder grausam verfolgten ersten Christen Jesus wieder. Mit diesem Sinnbild für die Erlösung verbanden sie die Hoffnung auf ein besseres Jenseits. Das Motiv entstand jedoch nicht erst in frühchristlicher Zeit. Schon die antike heidnische Grabkunst kannte den Guten Hirten. Hier symbolisierte er die Nächsten-liebe des Verstorbenen. Im Gegensatz zu anderen christlichen Motiven boten Dar-stellungen vom Guten Hirten wegen des heidnischen Ursprungs den Christen einen gewissen Schutz vor Entdeckung während der Verfolgungen.

Mit einem Guten Hirten verzierte ein unbekannter Künstler im 3. Jahrhundert die Decke der Krypta Lucina in der Callixtus-Katakombe in Rom. Stilistisch steht der Maler in der naturalistischen römisch-heidnischen Tradition. Er hat sich in seinem mit grobem Pinselstrich ausgeführten Deckengemälde auf wenige Ockertöne beschränkt. Das Bild wirkt dadurch schlicht und zeigt nur das Wesentliche. Mit zwei Schafen rechts und links des Guten Hirten ist dessen Herde angedeutet. Der Hirte selbst steht im Kontrapost und trägt ein drittes Tier, das ‚verlorene Schaf', auf seinen Schultern. Mit dem Gefäß in der rechten Hand wird er als guter Hirte Wasser schöpfen, um das wiedergefundene Schaf zu tränken. Seine Kleidung ist römisch und zweck-mäßig einfach.

Bild 52
***Der Gute Hirte** (Anfang 3. Jahrhundert)*
Deckengemälde
Rom, Callixtus-Katakombe
Krypta Lucina

Katakombe: Unterirdische Begräbnis-stätten mit langen Gängen und einigen kleinen überwölbten Kammern. Die meisten Toten wurden in übereinander-liegenden Grabnischen in den Wänden bestattet. Die ersten christlichen Kata-komben entstanden um 150 in Rom. Da sie sehr eng sind, wird heute die lange verbreitete Meinung angezweifelt, daß die Katakomben in Verfolgungszeiten auch als Zufluchts- und Versammlungs-stätten dienten.

DER GUTE HIRTE 2

Der Name des Verstorbenen, der in frühchristlicher Zeit im Sarkophag des Guten Hirten beerdigt wurde, ist nicht überliefert. Der Tote muß jedoch wohlhabend gewesen sein, sonst wäre seinen Hinterbliebenen eine solch aufwendige Bestattung im Marmorsarg nicht möglich gewesen.

Die Figur des Guten Hirten ist an einer Längsseite des Sarkophags in ein schmales Feld eingepaßt. Zu Füßen des Hirten steht mit neugierig nach oben gestrecktem Kopf ein Schaf, ein anderes grast am Boden. Zwei stilisierte Bäume füllen an den Seiten die verbliebene Hintergrundfläche.

Der Hirte ist ein jugendlicher Mann mit bartlosem Gesicht, eine Christusdarstellung, die auf antike Vorstellungen zurückgeht. Auch er steht im Kontrapost und schaut entspannt mit leicht geöffnetem Mund zur Seite. Über seinen Schultern liegt der wiedergefundene Widder, der seinen Kopf nach ihm umwendet.

Sarkophag: Ein zumeist kunstvoll verzierter Sarg aus Stein oder Metall. In frühchristlicher Zeit unterschied sich der Reliefschmuck der Sarkophage nur wenig von dem der heidnischen Zeit. Mythologische Szenen und Alltagsdarstellungen auf den Wandflächen und dem Deckel wurden jedoch nach und nach durch Abbildungen christlicher Themen ersetzt.

Bild 53
Der Gute Hirte
(3. oder 4. Jahrhundert)
Sarkophag des Guten Hirten
Marmor
Rom, Kapitolinisches Museum

DAS WELTGERICHT

Jesus erinnerte in zahlreichen Gleichnissen an das Jüngste Gericht und ermahnte die Menschen, stets auf ihr Lebensende gefaßt zu sein. Beispiele hierfür sind die Erzählung vom reichen Kornbauern und die Geschichte vom reichen Mann und dem armen Lazarus. Mit dem Gleichnis von der königlichen Hochzeit und dem von den klugen und den törichten Jungfrauen hat Jesus das gleiche Ziel verfolgt.

Da im Frühmittelalter Weltgerichtsbilder bevorzugt wurden, die das Jüngste Gericht selbst zum Inhalt hatten, wurden die Gleichnisse erst in der späteren Kunst häufiger aufgegriffen. Das Gleichnis von den törichten und den klugen Jungfrauen, das zeigt, daß nur die gut Vorbereiteten am Jüngsten Tag ins Himmelreich eingelassen werden, wurde insbesondere an den Portalen gotischer Kathedralen immer wieder dargestellt.

DER REICHE KORNBAUER

„Die Felder eines reichen Mannes hatten einen guten Ertrag gebracht. Der Mann überlegte hin und her: ‚Was soll ich tun? Ich weiß ja gar nicht, wohin mit meiner Ernte.' Schließlich sagte er: ‚Ich weiß, was ich mache! Ich reiße meine Scheunen ab und baue größere. Dort kann ich mein ganzes Getreide und alle meine Vorräte unterbringen. Und dann werde ich zu mir selbst sagen: Du hast es geschafft! Du hast einen großen Vorrat, der für viele Jahre reicht. Gönne dir jetzt Ruhe, iß und trink und genieße das Leben!' Da sagte Gott zu ihm: ‚Du törichter Mensch! Noch in dieser Nacht wird dein Leben von dir zurückgefordert werden. Wem wird dann das gehören, was du 'dir' angehäuft hast?'" 'Jesus schloß indem er sagte:' „So geht es dem, der nur auf seinen Gewinn aus ist und der nicht reich ist in Gott." Lukas 12,16-21

Mit diesem Gleichnis erinnert Jesus an die Wertlosigkeit irdischen Besitzes am Ende des Lebens.

Zu Rembrandt Harmensz. van Rijn siehe auch die Bilder 1, 4, 13, und 29.

Rembrandt hat in diesem Frühwerk das Gleichnis vom reichen törichten Menschen außergewöhnlich frei umgesetzt. Die im Bibeltext genannten Scheunen und das Getreide fehlen hier. Da der reiche Mann wie ein wohlhabender Kaufmann des 17. Jahrhunderts gekleidet ist, wurde das Gemälde bis Anfang der 70er Jahre als Porträt eines Geldwechslers oder als Allegorie des Geizes gedeutet.

Der törichte Reiche sitzt in einem dunklen Kaufmannskontor am Schreibtisch. Seine Welt ist begrenzt und besteht nur aus Geld und Besitz. Die Kerzenflamme hinter seiner Hand ist die einzige Lichtquelle im Bild. Die Münzen, die dicke Börse und die Goldwaage mit dem Kasten für die Gewichte auf dem Tisch, die edlen Borten an seiner Kleidung und die Geldsäcke im offenen Schrank zeigen seinen Reichtum. Er hält eine Münze ganz nah an die Flamme, um sie durch den Kneifer auf seiner Nase genau zu prüfen. Bücher und Papiere, die mit

hebräischen Schriftzeichen beschrieben sind, stapeln sich im Halbrund um ihn herum. Sie sind so hoch aufgetürmt, daß er gar nichts anderes mehr wahrnimmt.

Die nächtliche Szene mit dem in seine Beschäftigung vertieften Kaufmann strahlt eine trügerische Ruhe aus. Dies verdeutlicht die auf Reproduktionen leider nur schwer zu erkennende Uhr, die links im dunklen Teil des Bildes auf dem Ofen steht und auf die Flüchtigkeit des menschlichen Daseins hinweist. Noch in dieser Nacht wird Gott das Leben des reichen Mannes einfordern, der so seine letzten Stunden mit dem Prüfen seines irdischen Besitzes verbringt.

Bild 54
Der reiche Narr (Der Geldwechsler) *(1627)*
Rembrandt Harmensz. van Rijn (1606-1669)
Öl/Holz, 32 x 42,5 cm
Berlin, Gemäldegalerie

DAS GLEICHNIS VON DEN KLUGEN UND DEN TÖRICHTEN JUNGFRAUEN 1

„Wenn der Menschensohn kommt, wird es mit dem Himmelreich wie mit zehn Brautjungfern sein, die ihre Fackeln nahmen und dem Bräutigam entgegengingen. Fünf von ihnen waren töricht, und fünf waren klug. Die Törichten nahmen zwar ihre Fackeln mit, aber keinen Öl'vorrat'. Die Klugen dagegen hatten außer ihren Fackeln auch Gefäße mit Öl dabei. Als sich nun die Ankunft des Bräutigams verzögerte, wurden sie alle müde und schliefen ein. Mitten in der Nacht ertönte 'plötzlich' der Ruf: ‚Der Bräutigam kommt! Geht ihm entgegen!' Die Brautjungfern wachten alle auf und machten sich daran, ihre Fackeln in Ordnung zu bringen. Die Törichten sagten zu den Klugen: ‚Gebt uns etwas von eurem Öl; unsere Fackeln gehen aus.' Aber die Klugen erwiderten: ‚'Das können wir' nicht, es reicht sonst weder für uns noch für euch. Geht doch zu einem Kaufmann und holt euch selbst, 'was ihr braucht'!' Während die Törichten weg waren, um 'Öl' zu kaufen, kam der Bräutigam. Die 'fünf', die bereit waren, gingen mit ihm in den Hochzeits'saal'. Dann wurde die Tür geschlossen. Später kamen auch die anderen Brautjungfern und riefen: ‚Herr, Herr, mach uns auf!' Doch der Bräutigam antwortete: ‚Ich kann euch nur das eine sagen: Ich kenne euch nicht!' Seid also wachsam!" 'schloß Jesus'. „Denn ihr wißt weder den Tag noch die Stunde 'im voraus'." Matthäus 25,1-13

Das Gleichnis ermahnt die Menschen, stets auf den Jüngsten Tag vorbereitet zu sein. Die klugen Brautjungfern sind wachsam und verkörpern die Gerechten des Weltgerichts, die törichten die Verdammten, und der Hochzeitssaal symbolisiert das Paradies.

Zu Tintoretto siehe auch Bild 15.

Tintoretto zeigt nur das Ende des Gleichnisses von den Jungfrauen und verlegt die Handlung in den Innenhof eines venezianischen Palastes. Die festlich gekleideten, törichten Jungfrauen haben Öl gekauft und kommen daher zu spät zur Hochzeitsfeier. Zwei von ihnen füllen noch ihre Lampen auf, während die anderen schon mit brennenden Leuchten vor der verschlossenen Türe um Einlaß bitten.

Eine der Frauen hält ein Schriftband hoch, auf dem in italienischer Sprache steht: „Herr, Herr, mach uns auf". Blicke und Gesten der törichten, die Überraschung und Enttäuschung ausdrücken, wenden sich nach oben zu den klugen Jungfrauen, die sich über eine Balustrade zu ihnen hinunterbeugen. Auf ihrem Schriftband ist wiederum die Antwort des Bräutigams zu lesen: „Wahrlich, ich sage euch: Ich kenne euch nicht".

Im ganzen Obergeschoß wird indessen bei festlicher Beleuchtung Hochzeit gefeiert. Eine offene Arkade gibt den Blick auf die Festtafel frei. Eine Dienerin trägt gerade eine Schüssel auf. Unter dem rechten Bogen sitzt frontal zum Betrachter die Braut. Ungewöhnlich ist nur, daß Tintoretto ihren Bräutigam nicht dargestellt hat. Dieser Teil des Hauses bleibt den törichten Jungfrauen verschlossen. Selbst zur Küche links, wo ein Koch und eine Magd Fleischspieße über dem Feuer braten, haben sie keinen Zugang.

Bild 55
Die klugen und die törichten Jungfrauen *(um 1547)*
Jacopo Robusti, genannt Tintoretto (1518-1594)
Öl/Leinwand, 70 x 88 cm
Rotterdam, Museum Boymans – van Beuningen

DAS GLEICHNIS VON DEN KLUGEN UND DEN TÖRICHTEN JUNGFRAUEN 2

Wilhelm von Schadow war ein Schüler seines Vaters, des Bildhauers Johann Gottfried von Schadow (1764-1850), dessen bekanntestes Werk die Quadriga auf dem Brandenburger Tor in Berlin ist. Bei einem Studienaufenthalt in Rom schloß sich Wilhelm von Schadow der religiösen Künstlergruppe der Nazarener an. 1819 kehrte er nach Deutschland zurück und wurde 1826 zum Direktor der Kunstakademie in Düsseldorf berufen.

Das Gemälde, das 1842 als Auftragsarbeit für das Städelsche Kunstinstitut in Frankfurt am Main entstand, besteht aus drei Teilen. Das Hauptbild mit den zehn Jungfrauen wird oben von einem Rundbogen abgeschlossen. In den dadurch entstehenden Zwickeln finden sich noch zwei weitere Szenen. Sie gehen auf Lukas 12,37 zurück: Rechts trifft der Herr in der Nacht seine Knechte wachend an, und links dient er ihnen dafür bei Tisch.

Der Maler hat mit seiner Darstellung des Gleichnisses von den fünf klugen und den fünf törichten Jungfrauen eine ausgewogene, beinahe vollkommen symmetrische Komposition geschaffen. Die Jungfrauen sind in zwei Gruppen zusammengefaßt, die als Dreiecke erscheinen. Bei den törichten Frauen ist dieses Dreieck geschlossen, der Bräutigam beachtet sie nicht, er nimmt sie nicht einmal wahr. Bei den klugen durchbrechen dagegen die Arme mit den Lampen eine Dreieckseite und stellen dadurch eine Verbindung zu Jesus her, der grüßend auf sie zutritt.

Jesus befindet sich als Bräutigam mit ausgebreiteten Armen im Mittelpunkt des Hauptbildes. Er ist nur mit einem großen Tuch bekleidet, das seinen Oberkörper weitgehend unbedeckt läßt. Dabei soll die Nacktheit seine Göttlichkeit anzeigen. Sein Haupt ist von hellem Licht umstrahlt. Er tritt in Begleitung weiblicher Heiliger und mehrerer Jünger – links ist Petrus mit dem Schlüssel zu erkennen – in den Festsaal. Jesus wendet sich der Gruppe der fünf klugen Jungfrauen zu, die ihn mit demütiger Verehrung begrüßen.

Abweichend vom Bibeltext sind die törichten Jungfrauen bei der Ankunft des Bräutigams nicht unterwegs, um Öl zu kaufen, sondern werden im Schlaf überrascht. Zwei von ihnen sind noch gar nicht erwacht. Eine versucht ihre Gefährtinnen zu wecken, eine andere ihre Lampe anzuzünden und die fünfte blickt entsetzt zu den Ankommenden hin. Sie hat erkannt, daß nun alles verloren ist.

Bild 56
Das Gleichnis von den klugen und den törichten Jungfrauen *(1842)*
Wilhelm von Schadow (1788-1862)
Öl/Leinwand, 268 x 390 cm
Frankfurt/M., Städelsches Kunstinstitut

Nazarener: Ursprünglich spöttisch gemeinte Bezeichnung für eine Gruppe von Künstlern, die aus dem Lukasbund (die ‚Lukasgilden‘ waren mittelalterliche Malerzünfte) hervorgegangen ist. Dieser Bund war 1809 in Wien aus Protest gegen die dortige Kunstakademie von den Malern Johann Friedrich Overbeck und Franz Pforr gegründet worden. Die Nazarener verpflichteten sich zu einer strengen, sittlich-religiösen Lebensführung. Overbeck und Pforr siedelten 1810 nach Rom über und zogen dort in ein Kloster auf dem Pincio, um weitab von der Welt ihre gesellschaftlichen und künstlerischen Ideale zu verwirklichen. Die wichtigsten Vorbilder für den Versuch, eine ‚neudeutsch-religiös-patriotische‘ Kunst zu schaffen, waren Dürer, Perugino und der frühe Raffael.

DAS GLEICHNIS VOM REICHEN MANN UND VOM ARMEN LAZARUS 1

„Es war 'einst' ein reicher Mann, der kleidete sich in Purpur und feinstes Leinen und lebte Tag für Tag herrlich und in Freuden. Vor dem Tor seines Hauses lag ein Armer; er hieß Lazarus. 'Sein ganzer Körper' war mit Geschwüren bedeckt. Er wäre froh gewesen, wenn er seinen Hunger mit dem hätte stillen können, was vom Tisch des Reichen fiel; aber nur die Hunde kamen und leckten an seinen Wunden. Schließlich starb der Arme. Er wurde von den Engeln zu Abraham getragen und durfte sich an dessen Seite setzen. Auch der Reiche starb und wurde begraben. Im Totenreich litt er 'große' Qualen. Als er aufblickte, sah er in weiter Ferne Abraham und an dessen Seite Lazarus. ‚Vater Abraham‘, rief er, ‚hab Erbarmen mit mir und schick Lazarus hierher! Laß ihn seine Fingerspitze ins Wasser tauchen und damit meine Zunge kühlen; ich leide 'furchtbar' in dieser Flammenglut.‘ Abraham erwiderte: ‚Mein Sohn, denk daran, daß du in deinem Leben deinen Anteil an Gutem bekommen hast und daß andererseits Lazarus nur Schlechtes empfing. Jetzt wird er dafür hier getröstet, und du hast zu leiden. Außerdem liegt zwischen uns und euch ein tiefer Abgrund (...)‘. ‚Dann, Vater‘, sagte der 'Reiche', ‚schick Lazarus doch bitte zur Familie meines Vaters! Ich habe nämlich noch fünf Brüder. Er soll sie warnen, damit sie nicht auch an diesen Ort der Qual kommen.‘ Abraham entgegnete: ‚Sie haben Mose und die Propheten; auf die sollen sie hören.‘ ‚Nein, Vater Abraham‘, wandte der 'Reiche' ein, ‚es müßte einer von den Toten zu ihnen kommen; dann würden sie umkehren.‘ Darauf sagte Abraham zu ihm: ‚Wenn sie nicht auf Mose und die Propheten hören, werden sie sich auch nicht überzeugen lassen, wenn einer von den Toten aufersteht.‘"
Lukas 16,19-31

Zum Goldenen Evangelienbuch von Echternach siehe auch die Bilder 26 und 47.

Im oberen Bildstreifen der Miniatur sitzt der Reiche mit zwei Gästen am gedeckten Tisch. Sie schauen erwartungsvoll auf den Diener, der eine neue Schale serviert. Vor der Tür kauert Lazarus und versucht, sich bemerkbar zu machen. Sein nackter Leib ist mit roten Flecken übersät. Zwei Hunde lecken an seinen Geschwüren.

Im mittleren Streifen liegt Lazarus tot auf der bloßen Erde. Kein Mensch kümmert sich um ihn. Aber zwei Engel neigen sich aus einer bunten Wolke zu ihm herab, um seine Seele in Form einer kleinen nackten Gestalt aufzunehmen und in ein weißes Tuch zu hüllen. Auf einem Regenbogen über dem Paradiesfluß thront Abraham, zu dem sich zwölf Seelen drängen. Auf seinem Schoß sitzt jetzt Lazarus. Beide blicken nach unten zur Hölle.

Im untersten Bildabschnitt ist der reiche Mann auf dem Totenbett aufgebahrt und wird von seinen Angehörigen betrauert. Zwei schwarze Teufel mit roten Flügeln haben seine Seele gepackt. Sie gehen recht grob mit ihr um und scheinen sich geradezu um sie zu balgen. In der Mitte schleppt sie ein dritter Teufel zur rotflammenden Glut der Hölle. Dort steht die Seele des Reichen auf dem Oberschenkel Satans und schaut mit verzweifelt erhobenen Armen bittend zu Abraham hinauf. Dieser hat jedoch seine rechte Hand zum Redegestus erhoben und gibt so zu verstehen, daß er sie nicht retten kann.

Die Miniatur des Codex Aureus zeigt den
Satan als einen gefesselten Dämon. Diese Darstellung geht zurück auf das apo-
kryphe Nikodemus-Evangelium. Danach
ließ Jesus nach seinem Tod am Kreuz den
Satan von Engeln fesseln und nahm ihm
damit einen Teil seiner Macht.

Bild 57
**Das Gleichnis vom reichen Mann und
vom armen Lazarus** *(um 1031)*
Codex Aureus Epternacensis
44,2 x 31,1 cm, Nürnberg
Germanisches Nationalmuseum
Hs. 156142, fol. 78r

DAS GLEICHNIS VOM REICHEN MANN UND VOM ARMEN LAZARUS 2

Leandro da Ponte entstammte einer angesehenen Künstlerfamilie, die sich nach ihrem Heimatort Bassano in Venetien benannte und im 16. Jahrhundert eine Reihe namhafter Maler hervorbrachte. Bassano hat in seinem Bild zum Gleichnis vom reichen Mann und vom armen Lazarus das Mahl des Reichen mit vielen Details ausgeschmückt. Die mächtigen Sockel und Schäfte der Säulen lassen die Größe seines Palastes erahnen. Die breite Öffnung in der Rückwand bietet einen Ausblick auf eine weitläufige Landschaft.

Zahlreiche Bedienstete kümmern sich um das Wohl ihres Herren. Auf der linken Seite werden in der Küche des Hauses geschäftig Vorbereitungen für ein üppiges Mahl getroffen: gerupfte Vögel liegen bereit, einem Hasen wird gerade das Fell abgezogen, eine Magd trägt Wasser herbei und der Koch setzt einen Kessel auf das Feuer. Ein Affe – er verkörpert in der Kunst zumeist das Böse, die Sünde und das Laster – und eine Katze belauern sich zwischen verstreut herumliegenden Töpfen und Schüsseln. Ein Pfau, der hier für den Hochmut und die Eitelkeit des Hausherrn steht, hat sich oben auf einer Stange niedergelassen.

Der ziemlich feiste Herr des Hauses scheint allein zu speisen, denn die Frau und das Kind an seiner Seite stehen nur mit demütig gesenkten Köpfen dabei. Seine linke Hand umfaßt ein Glas mit rotem Wein. Zwei modisch gekleidete Diener servieren ihm Muscheln und andere erlesene Gerichte, während zwei Musikanten mit Laute und Geige für ihn aufspielen.

Etwas abseits von dem lebhaften Treiben im Herrenhaus lehnt sich der arme Lazarus am rechten Bildrand an das Postament einer Säule. Er bleibt gänzlich unbeachtet in dieser Welt des Überflusses. Die zerrissenen Kleider bedecken seinen Körper nur mehr unzureichend und zwei Hunde lecken an den Geschwüren seines Beines. Anders als im Bild aus dem Echternacher Evangeliar versucht Lazarus hier nicht einmal, auf sich aufmerksam zu machen, sondern schaut nur regungslos zum Tisch des reichen Mannes hin.

Bild 58
Das Gleichnis vom reichen Mann und vom armen Lazarus *(um 1590/95)*
Leandro da Ponte, genannt Bassano (1557-1622)
Öl/Leinwand, 134 x 181,5 cm
Wien, Kunsthistorisches Museum

ABRAHAMS SCHOSS 1

Die Darstellung von ‚Abrahams Schoß‘, herausgelöst aus dem von Lukas überlieferten Gleichnis vom reichen Mann und vom armen Lazarus, war im Mittelalter ebenfalls sehr beliebt. Das Motiv findet sich vor allem in der Buchmalerei, auf Kapitellen und an Kirchenportalen. Abrahams Schoß galt zu jener Zeit als ‚Vorzimmer des Paradieses‘. Dieser Ort war den Verstorbenen vorbehalten, die nicht der Verdammnis anheimfielen und nun auf die Auferstehung am Tag des Jüngsten Gerichts warteten.

Der lothringische Emailmaler und Goldschmied Nikolaus von Verdun zählt zu den wenigen Künstlern des hohen Mittelalters, deren Name nicht in Vergessenheit geriet. Der Klosterneuburger Altar, manchmal auch Verduner Altar genannt, ist sein berühmtestes Werk.

Der Altar besteht aus 51 Bildplatten in Grubenschmelztechnik, die oben von Kleeblattbögen abgeschlossen werden. Dieser umfangreiche Zyklus der christlichen Heilsgeschichte zeugt von einem außergewöhnlich konsequenten theologischen Programm. Die lateinische Inschrift auf der Vorderseite des Altars gibt dazu den Hinweis: „Wie die Heilsgeschehnisse der Zeitalter übereinstimmen, nimmst Du in diesem Werk im Bilde wahr".

Die Emailtafeln zeigen exemplarisch die Umsetzung der Typologie in der Kunst.

Jeweils drei übereinander angeordnete Tafeln gehören inhaltlich zusammen. Die obere Reihe zeigt Ereignisse aus der Epoche vor der Gesetzgebung durch Mose (‚ante legem‘) und die untere aus der Zeit danach (‚sub lege‘). In der Mitte sind Szenen aus dem Neuen Testament zu sehen, der ‚Epoche der Gnade‘ (‚sub gratia‘). Umlaufende Schriftbänder erläutern die Bilder. ‚Abrahams Schoß‘ ist gemeinsam mit dem Jüngsten Gericht und der Hölle ganz am Ende abgebildet. Die Übersetzung der dazugehörigen Inschrift lautet: „Den Gerechten wirst du die höchste Ruhe, o Schau des Friedens".

Nikolaus von Verdun nimmt in das Motiv von ‚Abrahams Schoß‘ Elemente des ‚himmlischen Jerusalems‘ auf, wie sie Johannes in seiner Offenbarung (21,12) mit der Stadtmauer und mit den zwölf Toren und den zwölf Engeln beschrieben

---

Grubenschmelztechnik: Verfahren der Emailmalerei, bei dem in flach eingearbeiteten Vertiefungen (Gruben) einer Metallplatte farbiges pulverisiertes Glas gefüllt wird. Die verbleibenden Metallstege, die in der Regel vergoldet werden, bilden dann gleichsam das zeichnerische Gerüst des Bildes. Das Glas wird im Ofen geschmolzen und später geschliffen und poliert.
Typologie: Lehre von der Ankündigung wichtiger Ereignisse des Neuen durch Begebenheiten aus dem Alten Testament. So sah man beispielsweise einen Zusammenhang zwischen der Geschichte des Propheten Jonas, der nach drei Tagen im Bauch eines Wals wieder freikam, und der Auferstehung Christi nach drei Tagen. Die Typologie entwickelte sich bereits in frühchristlicher Zeit, aber erst im Mittelalter, insbesondere im 12. und 13. Jahrhundert, entstanden Kunstwerke, die diese Vorstellung in umfangreichen Bildzyklen aufgriffen.

SANCTIS · SVMMA · QVIES · O · PACIS · VISIO · FIES

CELEST · SIHR LM ·

hat. Abraham trägt einem Nimbus und thront majestätisch mit geradeausgerichtetem Blick in der himmlischen Stadt. Sieben Seelen haben auf seinem Schoß Platz gefunden. Zwei Engel spannen schützend ein Tuch vor die nackten Gestalten, die die Seelen aller Gerechten verkörpern sollen.

Bild 59
Das himmlische Jerusalem *(1181)*
Nikolaus von Verdun (tätig um 1181-1205)
Altar, Grubenschmelzemail
Stift Klosterneuburg bei Wien

ABRAHAMS SCHOSS 2

Die Goldene Pforte des Domes in Freiberg/Sachsen entstand etwa zwischen 1230 und 1240. Beim Brand der Kirche 1484 blieb allein dieses Portal erhalten und wurde in den gotischen Nachfolgebau integriert. Mit ihren mehr als 50 Figuren und dem reichen ornamentalen Schmuck ist die Goldene Pforte eines der schönsten und beeindruckendsten Werke der romanischen Portalplastik in Deutschland. Sie war ursprünglich farbig bemalt und mit Gold verziert. Diese kostbare Fassung ist jedoch nicht erhalten geblieben. Wie bei fast allen mittelalterlichen Kunstwerken ist auch hier der Name des Meisters unbekannt.

Am Scheitel des Portalbogens befindet sich die Skulptur Abrahams. Die Seele des Lazarus sitzt in Gestalt eines Kleinkindes auf dem Schoß des biblischen Patriarchen und hat eine Hand auf dessen Knie gelegt. Von der anderen Seite fliegt ein Engel mit wallendem Gewand herbei und überbringt eine weitere Seele. Der bärtige Abraham wendet sich diesem Neuankömmling liebevoll zu, umfaßt mit der rechten Hand dessen Arm und richtet seinen Blick fest auf die kleine Gestalt. Da dieser Teil der Plastik der Witterung besonders stark ausgesetzt war, erscheint er auf den Abbildungen sehr dunkel.

Der Steinmetz hat die Szene dem vorhandenen Platz in der Bogenmitte angepaßt. Der auf einem Hocker sitzende Abraham und der Engel schweben horizontal in der Luft und sind genötigt, ihre Köpfe weit nach hinten zu legen. Für den heutigen Betrachter ist eine solche Gestaltungsweise ungewohnt, den mittelalterlichen Menschen aber war sie von vielen Bogenfeldern über den Kirchentüren her vertraut. Dem Künstler von Freiberg kam es vor allem darauf an, die Figuren in den vorgegebenen architektonischen Rahmen einzufügen und den Gläubigen eine religiöse Botschaft zu vermitteln. Aus den Bildern 60a und 60b ist leicht zu erkennen, daß er bei der Figur des Abraham das Problem mit dem weit zurückgelegten Kopf eleganter gelöst hat als beim Engel.

Fassung: Farbige Bemalung und Vergoldung von Holz- und Steinskulpturen. Bis in die Barockzeit wurde dieses Handwerk von einer eigenen Berufsgruppe, den Faßmalern, ausgeübt.

Patriarchen: Im biblischen Sinn sind die Stammväter des Volkes Israel gemeint. In der Regel wird die Bezeichnung für die drei Erzväter Abraham, Isaak und Jakob verwendet. Manchmal werden in die Reihe der Patriarchen aber auch die Urväter von Adam bis Noah und die zwölf Söhne Jakobs mit einbezogen.

Bild 60
Ein Engel reicht Abraham eine Seele *(um 1230/40)*
Goldene Pforte, Mittelstück der zweiten Archivolte
Freiberg/Sachsen, Dom

Bild 60a
Engel

Bild 60b
Abraham

DAS GLEICHNIS VON DER KÖNIGLICHEN HOCHZEIT

„Mit dem Himmelreich ist es wie mit einem König, der für seinen Sohn das Hochzeitsfest vorbereitet hatte. Er sandte seine Diener aus, um die, die zum Fest eingeladen
waren, rufen zu lassen. Doch sie wollten nicht kommen. Daraufhin sandte der König
andere Diener aus und ließ den Gästen sagen: ‚Ich habe das Festessen zubereiten
lassen, die Ochsen und das Mastvieh sind geschlachtet, alles ist bereit. Kommt zur
Hochzeit!' Aber sie kümmerten sich nicht darum, sondern wandten sich ihrer Feld-
arbeit oder ihren Geschäften zu. Einige jedoch packten die Diener des Königs, miß-
handelten sie und brachten sie um. Da wurde der König zornig. Er schickte seine
Truppen und ließ die Mörder töten und ihre Stadt niederbrennen. Dann sagte er zu
seinen Dienern: ‚Das Hochzeitsfest ist vorbereitet, aber die 'Gäste', die ich eingeladen
hatte, waren es nicht wert, 'daran teilzunehmen'. Darum geht hinaus auf die Straßen
und ladet alle zur Hochzeit ein, die ihr dort antrefft.' Die Diener gingen auf die
Straßen und holten alle herein, die sie fanden, Böse ebenso wie Gute, und der Hochzeitssaal füllte sich mit Gästen.
Als der König eintrat, um zu sehen, wer an dem Mahl teilnahm, bemerkte er einen, der
kein Festgewand anhatte. ‚'Mein' Freund', sagte er zu ihm, ‚wie bist du ohne Festgewand hier hereingekommen?' Der Mann wußte darauf nichts zu antworten. Da befahl
der König seinen Dienern: ‚Bindet ihm Hände und Füße, und werft ihn hinaus in die
Finsternis (...).' Denn viele sind gerufen, aber nur wenige sind auserwählt."
Matthäus 22,2-14

Jesus erzählte dieses Gleichnis nach seiner Ankunft in Jerusalem. Es unterscheidet sich
inhaltlich kaum von demjenigen des großen Gastmahls, das Lukas überliefert hat (vergleiche die Bilder 26 und 27). Hinzugekommen sind hier die Ermordung der Diener,
die anschließende Bestrafung der Mörder und ihrer Stadt durch den König sowie das
Verstoßen des unpassend gekleideten Gastes. Bilder zu diesen beiden Gleichnissen
finden sich vor allem in der mittelalterlichen Buchmalerei.

Der in Genua geborene und anfangs dort
auch tätige Bernardo Strozzi ließ sich
1630 in Venedig nieder und galt schon
bald als Hauptvertreter der barocken
venezianischen Malerei. Sein Bild zum
Gleichnis vom unwürdigen Hochzeitsgast
hat er als Bozzetto für ein Deckengemälde in der Kirche des Ospedale degli
Incurabili in Venedig gemalt.

Das später nach dieser Vorlage ausge-
führte Fresko sollte dem Betrachter den
Eindruck vermitteln, als sei die Decke
der Kirche geöffnet und gebe so einen
Blick ins Himmelreich frei. In dem

ungewöhnlichen ovalen Bildformat des
Bozzetto und der darin auf Untersicht
berechneten Perspektive ist dies bereits
angelegt. Leider ist das Fresko selbst
nicht erhalten geblieben.

Unter einem dunkel bewölkten Himmel
findet vor einer prächtigen Arkade mit
vorgestellten korinthischen Säulen das
Hochzeitsmahl statt. Die Festtafel wird
jedoch von den Personen im Vordergrund
fast völlig verdeckt. Es sind deshalb nur
wenige Hochzeitsgäste am Tisch zu sehen,
die aufgeregt das Geschehen am
vorderen Bildrand verfolgen. Dort wird

Bild 61
Gleichnis vom unwürdigen Hochzeitsgast *(um 1635)*
Bernardo Strozzi (1581-1644)
Öl/Leinwand, 127 x 190 cm, Florenz, Uffizien

soeben der Hochzeitsgast, der es wagte, in schäbigen, zerrissenen Kleidern zu kommen, von drei Männern in Fesseln gelegt und abgeführt. Ein Hund zerrt an einem Fetzen, der von seinem Oberschenkel herabhängt. Links schaut ein rotgekleideter Diener mit einem Tablett im Vorbeigehen zu der Gruppe hin. In kostbare Gewänder gehüllt und mit einem Zepter in der Hand sitzt rechts der König und befiehlt, was mit dem unwürdigen Gast zu geschehen habe.

Bemerkenswert ist der Effekt, der durch die starke Untersicht und die Anordnung des Hochzeitsgasts am vorderen Bildrand zustandekommt. Er scheint im nächsten Augenblick aus dem Bild herauszustürzen und auf den Betrachter zu fallen. Verstärkt wird diese illusionistische Wirkung noch durch den Hund, der auf dem unteren Absatz steht, und den Fuß des vorderen Wächters, dessen Zehen aus dem Bild herauszuragen scheinen.

Bozzetto: Entwurf eines monumentalen Kunstwerks in kleinerem Maßstab. Der Begriff bezieht sich meist auf plastische Arbeiten und wird in der Regel nur für Werke italienischer Künstler verwendet. Da der Künstler im Barockzeitalter die Umsetzung seines Entwurfs im Großen nur selten selbst ausführte, galt der Bozzetto als das künstlerisch höherstehende Werk.

DAS GLEICHNIS VOM UNBARMHERZIGEN GLÄUBIGER

„Mit dem Himmelreich ist es wie mit einem König, der mit den Dienern, die seine Güter verwalteten, abrechnen wollte. Gleich zu Beginn brachte man einen vor ihn, der ihm zehntausend Talente schuldete. Und weil er nicht zahlen konnte, befahl der Herr, ihn mit Frau und Kindern und seinem ganzen Besitz zu verkaufen und 'mit dem Erlös' die Schuld zu begleichen. Der Mann warf sich vor ihm nieder und bat auf den Knien: ‚Hab Geduld mit mir! Ich will dir alles zurückzahlen.' Da hatte der Herr Mitleid mit seinem Diener; er ließ ihn frei, und auch die Schuld erließ er ihm. Doch kaum war der Mann zur Tür hinaus, da traf er einen anderen Diener, der ihm hundert Denare schuldete. Er packte ihn 'an der Kehle', würgte ihn und sagte: ‚Bezahle, was du mir schuldig bist!' Da warf sich der Mann vor ihm nieder und flehte ihn an: ‚Hab Geduld mit mir! Ich will es dir zurückzahlen.' Er aber wollte nicht 'darauf eingehen', sondern ließ ihn auf der Stelle ins Gefängnis werfen, 'wo er so lange bleiben sollte', bis er ihm die Schuld zurückgezahlt hätte. Als das die anderen Diener sahen, waren sie entsetzt. Sie gingen zu ihrem Herrn und berichteten ihm alles. Da ließ sein Herr ihn kommen und sagte zu ihm: ‚Du böser Mensch! Deine ganze Schuld habe ich dir erlassen, weil du mich angefleht hast. Hättest du da mit jenem anderen Diener nicht auch Erbarmen haben müssen, so wie ich mit dir Erbarmen hatte?' Und voller Zorn übergab ihn der Herr den Folterknechten, bis er ihm alles zurückgezahlt hätte, was er ihm schuldig war. So wird auch mein Vater im Himmel jeden von euch behandeln, der seinem Bruder nicht von Herzen vergibt." Matthäus 18,23-35

Zu Domenico Feti siehe auch die Bilder 30 und 67.

Zu den häufigsten Bildmotiven des 1589 in Rom geborenen Malers Domenico Feti gehörten die Gleichnisse Jesu. Er fertigte von seinen meist kleinformatigen Bildern oft mehrere Fassungen an, weil sie wohl gerne gekauft wurden. Dies mag neben der Thematik auch an den leuchtenden Farben seiner Gemälde und am schwungvollen Pinselstrich gelegen haben.

Sein Bild vom unbarmherzigen Gläubiger entstand um 1620. Obwohl diesem eben eine große Schuld erlassen worden ist, verlangt er nun mit Gewalt von einem anderen Diener, der ihm eine kleinere Geldsumme schuldet, den Betrag zurück. Mit gespreizten Beinen steht er auf einer Treppe über dem Schuldner und würgt ihn, um seiner Forderung Nachdruck zu verleihen. Der andere versucht vergeblich, sich ihm zu entwinden und richtet hilfesuchend seinen Blick auf den Betrachter. Während oben, wo der König residiert, alles heil und hell erscheint, wird die Szene nach unten hin immer düsterer. Die steile Treppe zeigt, wie tief der Knecht innerlich abgestiegen ist. Er hat schon vergessen, wie barmherzig sich sein Herr gerade eben gegen ihn selbst erwiesen hat. Die kahle, heruntergekommene Umgebung symbolisiert seine moralische Einstellung.

Durch die orientalische Tracht kennzeichnet Feti den bärtigen Gläubiger vordergründig als einen Fremden. Wer den Titel des Gemäldes nicht kennt, mag darin in erster Linie die Darstellung eines Verbrechens sehen. Die eigentliche Aussage des Bildes erschließt sich erst durch den Hinweis auf das Gleichnis.

Bild 62
Der unbarmherzige Diener *(um 1618/22), Domenico Feti (1589-1623)*
Öl/Pappelholz, 61 x 44,5 cm, Dresden, Gemäldegalerie Alte Meister

DAS SCHEIDEN DER SCHAFE VON DEN BÖCKEN

„Wenn der Menschensohn in seiner Herrlichkeit kommen wird und mit ihm alle Engel, dann wird er in königlichem Glanz auf seinem Thron Platz nehmen. Alle Völker werden vor ihm versammelt werden, und er wird die Menschen in zwei Gruppen teilen, so wie der Hirte die Schafe und die Ziegen voneinander trennt. Die Schafe wird er rechts von sich aufstellen und die Ziegen links. Dann wird der König zu denen auf der rechten Seite sagen: ‚Kommt her, ihr seid von meinem Vater gesegnet! Nehmt das Reich in Besitz, das seit der Erschaffung der Welt für euch vorbereitet ist. Denn ich war hungrig, und ihr habt mir zu essen gegeben; (...).‘ Dann werden ihn die Gerechten fragen: ‚Herr, wann haben wir dich denn hungrig gesehen und dir zu essen gegeben? (...)‘ Darauf wird der König ihnen antworten: ‚Ich sage euch: Was immer ihr für einen meiner Brüder getan habt – und wäre er noch so geringgeachtet gewesen –, das habt ihr für mich getan.‘
Dann wird er zu denen auf der linken Seite sagen: ‚Geht weg von mir, ihr seid verflucht! Geht in das ewige Feuer, das für den Teufel und seine Engel vorbereitet ist! Denn ich war hungrig, und ihr habt mir nichts zu essen gegeben; (...)‘. (...) ‚Ich sage euch: Was immer ihr an einem meiner Brüder zu tun versäumt habt (...), das habt ihr mir gegenüber versäumt.‘ So werden sie an 'den Ort' der ewigen Strafe gehen, die Gerechten aber werden ins ewige Leben eingehen." Matthäus 25,31-46 (Vgl. ‚Die Werke der Barmherzigkeit‘ Seite 28)

Jesu Erzählung von den Schafen und Ziegen steht gleichnishaft für die Trennung der Guten von den Bösen am Tag des Jüngsten Gerichts und wurde in frühchristlicher Zeit häufig künstlerisch umgesetzt.

Sant' Apollinare Nuovo in Ravenna wurde Anfang des 6. Jahrhunderts neben dem Palast des Ostgotenkönigs Theoderich (gest. 526) errichtet. An den beiden Langhauswänden der dreischiffigen Basilika sind in drei übereinanderliegenden Bildstreifen Mosaiken angeordnet. Sie stammen bis auf wenige Ausnahmen noch aus der Erbauungszeit der Kirche und sind typische Beispiele für den byzantinischen Stil. Die Figuren stehen meist in steifer Haltung nebeneinander und wenden sich dem Betrachter zu. Obwohl die Bilder im einzelnen plastisch gestaltet sind, wirken sie flächenhaft. Durch den Goldgrund erscheinen sie zeitlos und feierlich.

Basilika: Gebäude, das aus einer langgestreckten Säulenhalle, dem Hauptschiff, und zwei oder vier schmaleren und niedrigeren Seitenschiffen besteht. Fensteröffnungen in der Wand über den Seitenschiffen erhellen das Mittelschiff, das von einer halbrunden Apsis abgeschlossen wird. Diese Gebäudeform wurde im Römischen Reich für vielfältige profane Zwecke genutzt: die Schiffe vor allem als Markthalle und die Apsis für Gerichtsverhandlungen. Die Christen errichteten nach dem Ende der Verfolgungen um 300 in Rom ihre ersten großen Kirchen (Alt-St. Peter und San Paolo fuori le Mura) als Basiliken und bauten in den folgenden Jahrhunderten die meisten Kirchen nach diesen Vorbildern.

Bild 63
Christus trennt die Schafe von den Böcken *(1. Viertel des 6. Jahrhunderts)*
Mosaik, Ravenna, Sant' Apollinare Nuovo

Die oberste Bildreihe zeigt einen Bilderzyklus mit insgesamt 26 Motiven aus dem Leben Jesu. Die endzeitliche Vision der Trennung der Schafe von den Böcken ist die letzte der Szenen aus dem Neuen Testament. Der Künstler hat die gleichnishafte Schilderung des Weltgerichts auf knappe, aber eindrucksvolle Weise wiedergegeben.

Jesus sitzt als Weltenrichter auf einem Felsenthron in der Mitte und blickt aus dem Bild heraus. Zwei Engel stehen ihm zur Seite. Der eine ist durch das Rot als Vertreter des Lichts, also des Himmels, charakterisiert; er führt die hellen Schafe mit sich. Der andere wird von den gescheckten Böcken begleitet und ist hier durch die blaue Farbe als Vertreter der

Finsternis gekennzeichnet. Ungewöhnlich ist, daß auch der Repräsentant der Unterwelt einen Nimbus trägt, der ja göttlichen und heiligen Wesen vorbehalten ist. Sein Äußeres unterscheidet sich allein durch die Farbe und die Zahl der Zehen – vier statt fünf – von dem des guten Engels. Christus ist jugendlich bartlos dargestellt und trägt ein purpurfarbenes Gewand mit goldenen Bordüren. Sein Haupt wird durch einen mit Edelsteinen geschmückten Kreuznimbus eingerahmt. Während der linke Arm in seinem Gewand verborgen bleibt, streckt er seine Rechte zur Seite hin aus und weist mit geöffneter Hand auf die drei Schafe, die zu ihm hinschauen.

147

DIE GLEICHNISSE VOM HIMMELREICH

Jesus leitete mehrere Gleichnisse, die in Matthäus Kapitel 13 überliefert sind, jeweils mit den Worten ein: „Mit dem Himmelreich ist es wie ...". Dabei ist nicht, wie man zunächst vermuten könnte, das Reich Gottes nach dem Weltgericht gemeint, sondern das Wirken Gottes in dieser Welt. Zwei Gesichtspunkte, die Jesus in diesem Zusammenhang nennt, sind auf den folgenden Seiten angesprochen:
- Gott läßt zu, daß der Teufel Unkraut unter den Weizen sät.
- Das Himmelreich zu gewinnen ist wichtiger als aller irdische Besitz.

Die Gleichnisse vom Himmelreich wurden nur sehr selten künstlerisch dargestellt; einige Beispiele werden im folgenden gezeigt.

DAS GLEICHNIS VOM UNKRAUT UNTER DEM WEIZEN

„Mit dem Himmelreich ist es wie mit einem Mann, der guten Samen auf seinen Acker säte. Eines Nachts, als alles schlief, kam sein Feind, säte Unkraut zwischen den Weizen und machte sich davon. Als dann die Saat aufging und Ähren ansetzte, kam auch das Unkraut zum Vorschein. Da gingen die Arbeiter zum Gutsherrn und fragten: ‚Herr, hast du nicht guten Samen auf deinen Acker gesät? Woher kommt jetzt dieses Unkraut?' ‚Ein Feind 'von mir' hat das getan', gab er zur Antwort. Die Arbeiter fragten: ‚Möchtest du, daß wir hingehen und das Unkraut 'ausreißen und' einsammeln?' ‚Nein', entgegnete der Gutsherr, ‚ihr würdet mit dem Unkraut auch den Weizen ausreißen. Laßt beides miteinander wachsen, bis die Zeit der Ernte da ist. Dann werde ich zu den Erntearbeitern sagen: 'Reißt' zuerst das Unkraut 'aus', sammelt es ein und bündelt es, um es zu verbrennen; und dann bringt den Weizen in meine Scheune!'"
Matthäus 13,24-30

Dann trennte sich Jesus von der Menge und ging ins Haus. Dort wandten sich seine Jünger an ihn und baten ihn: „Erkläre uns das Gleichnis vom Unkraut auf dem Acker!" Jesus antwortete: „Der Mann, der den guten Samen sät, ist der Menschensohn. Der Acker ist die Welt. Der gute Same sind die Kinder des 'Himmel'reichs, das Unkraut sind die Kinder des Bösen. Der Feind, der das Unkraut sät, ist der Teufel. Die Ernte ist das Ende der Welt, und die Erntearbeiter sind die Engel."
Matthäus 13,36-39

Der Meister des Verlorenen Sohnes war etwa von 1530 bis 1560 in Antwerpen tätig. Seinen Namen erhielt der anonyme Künstler nach einem Gemälde, das sich im Wiener Kunsthistorischen Museum befindet. Nach stilistischen Vergleichen wurde ihm neben anderen Werken auch dieses Bild zugeschrieben, auf dem der Teufel Unkraut unter den Weizen sät.

Zwischen sanft geschwungenen Hügeln zieht sich ein Tal mitten durch die friedliche Gegend. Darin verstreut liegen eine ganze Reihe von Gebäuden. Links steht am Rand eines Wäldchens ein Gutshof. Überall sind Menschen unterwegs oder bei der Arbeit. Doch der idyllische Schein trügt. Der Sämann, der in der linken Bildhälfte aus einem Beutel, den er sich um den Bauch gehängt hat, sein Saatgut ausbringt, ist niemand anderes als der Teufel selbst. Er ist an seinen lan-

gen Ohren, dem roten Haarkamm und seinen gespaltenen Füßen zu erkennen. Der Mann, der ganz vorne am Bildrand auf ein paar Säcken schläft, ist wohl einer der Knechte des Gutsherrn. Er verkörpert die Unachtsamkeit der Menschen gegenüber den teuflischen Machenschaften.

Der Künstler hat noch zwei weitere Momente des Gleichnisses im Bild festgehalten: Im Mittelgrund rechts haben zwei Knechte das Unkraut entdeckt und zeigen dem orientalisch gekleideten, nachdenklich dreinblickenden Gutsbesitzer aufgeregt die roten Blüten im Weizenfeld.

Links auf dem Hügel findet in weiter Ferne die Ernte statt, die Jesus als Sinnbild für das Weltgericht sieht. Die Szene ist in ein fahles, beinahe gespenstisches

Bild 64
Der Teufel sät Unkraut unter den Weizen
(undatiert)
Meister des Verlorenen Sohnes
Öl/Holz, 79 x 111 cm
Antwerpen, Koninklijk Museum voor Schone Kunsten

Licht getaucht, der Himmel darüber
durch dunkle Wolken verfinstert. Ein Teil
des Getreides steht noch, daneben wird
schon das grüne Unkraut zusammen-
getragen, um verbrannt zu werden. Der
Weizen aber wird in die Scheune des
Gutshofes gebracht.

DAS GLEICHNIS VOM SCHATZ IM ACKER

„Mit dem Himmelreich ist es wie mit einem Schatz, der in einem Acker vergraben war und von einem Mann entdeckt wurde. Der Mann freute sich so sehr, daß er, nachdem er den Schatz 'wieder' vergraben hatte, alles verkaufte, was er besaß, und 'dafür' den Acker kaufte." Matthäus 13,44

Höhepunkte im vielfältigen Schaffen von Peter Valentin Feuerstein bilden die Fenster für die Münster in Ulm, Freiburg und Breisach sowie für die Überwasserkirche in Münster/Westfalen und die Decken- und Wandmalereien in Karlsruhe, Bretten in Baden und St. Georgen/Schwarzwald. Der Künstler studierte an der Münchner Kunstakademie und lebt heute in seinem Heimatort Neckarsteinach.

Im zweiten Weltkrieg wurden 17 Fenster des Ulmer Münsters zerstört, die durch moderne Scheiben ersetzt worden sind. Fünf von ihnen wurden von Peter Valentin Feuerstein geschaffen, darunter auch das 15 Meter hohe und drei Meter breite ‚Predigtfenster'. Es zeigt in zahlreichen Einzelbildern Gleichnisse Jesu und Begebenheiten aus seinem Leben sowie Szenen aus dem Alten Testament.

Unter den Darstellungen, die das Reich Gottes beschreiben, finden sich auch die Gleichnisse vom Schatz im Acker und von der Perle.

Der Mann hat die Truhe gefunden und ausgegraben. Voller Freude beugt er sich über den Schatz. Obwohl die reliefverzierte Kiste scheinbar aus schwerem Gold besteht, hält er sie nur mit den Fingerspitzen. Dadurch wird deutlich, daß der kostbare Fund nicht von materiellem Wert, sondern Sinnbild eines geistigen Schatzes ist.

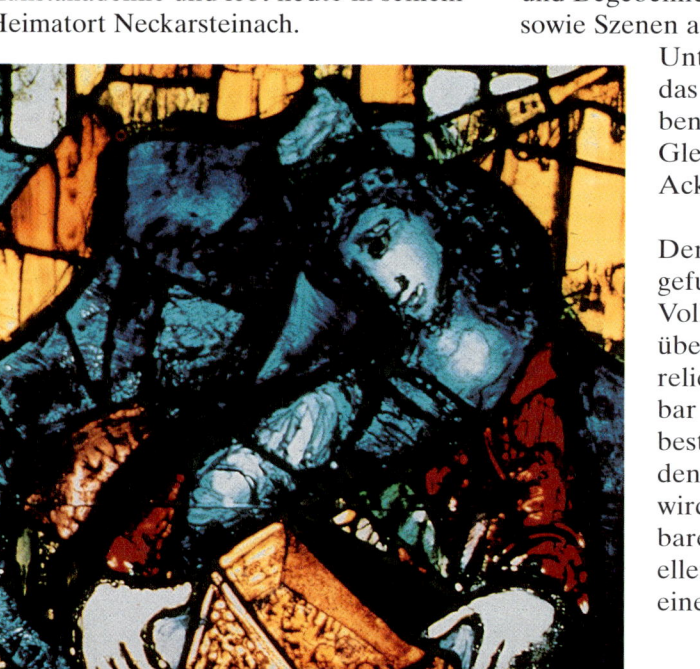

Bild 65
Der Schatz im Acker
(1981/83)
Peter Valentin Feuerstein
(geb. 1917)
Predigtfenster, Detail
Glasmalerei
Ulm, Münster

DAS GLEICHNIS VON DER PERLE 1

„Mit dem Himmelreich ist es auch wie mit einem Kaufmann, der schöne Perlen suchte. Als er eine besonders wertvolle fand, verkaufte er alles, was er besaß, und kaufte 'dafür' diese eine Perle." Matthäus 13,45-46

Diese Glasmalerei stammt ebenfalls von Peter Valentin Feuerstein und gehört wie das Bild vom Schatz im Acker zu den Darstellungen im Ulmer ‚Predigtfenster', die der Künstler zu den Gleichnissen vom Himmelreich geschaffen hat. Auch in diesem Teil des Fensters leuchten die für den schwäbischen Künstler charakteristischen warmen Farben.

Der bärtige Kaufmann hat eine ungewöhnlich weiß schimmernde Perle entdeckt. Vorsichtig hält er sie zwischen Daumen und Zeigefinger und betrachtet hingebungsvoll ihre makellose Schönheit. Seine Hände sind wie die des Mannes mit der Schatztruhe ganz nach vorne gerückt und erscheinen dadurch sehr groß, was den kostbaren Fund noch mehr hervorhebt.

Bild 66
Die kostbare Perle
(1981/83)
Peter Valentin Feuerstein
(geb. 1917)
Predigtfenster, Detail
Glasmalerei
Ulm, Münster

DAS GLEICHNIS VON DER PERLE 2

Zu Domenico Feti siehe auch die Bilder 30 und 62.

Wie in den anderen Gemälden Fetis zu den Gleichnissen Jesu ist auch hier der biblische Bildinhalt nicht unmittelbar zu erkennen und erschließt sich eindeutig erst über den Titel ‚Das Gleichnis von der kostbaren Perle‘. Der Betrachter hat im Grunde ein reines Genrebild vor sich. Unter hohen Arkaden herrscht ein lebhaftes Treiben. Eine Geflügelhändlerin verhandelt mit einem vornehmen Kunden. Auch ein Mann mit Schubkarre interessiert sich für das Marktgeschehen und stellt sein Gefährt ab.

Hinter dem rechten Bogen spielt sich vor hohen baufälligen Häusern, die die irdische Vergänglichkeit symbolisieren, ein volkstümliches Vergnügen ab. Der Durchblick auf der anderen Seite zeigt dagegen als Sinnbild des ewigen Lebens prächtige Gebäude und eine üppige Vegetation, die an den Garten Eden erinnert.

Die Hauptszene ereignet sich jedoch vor dem Pfeiler in der Bildmitte. Dort hat ein Perlenhändler seine Ketten aufgehängt und einen einfachen Stand aus Brettern aufgebaut, auf dem verstreut eine Goldwaage und Münzen liegen. Der Händler überprüft kritisch ein mit einem Edelstein verziertes Schmuckstück, das ihm der Mann im gelben Gewand zum Kauf anbietet. Der Händler und seine Kunden links des Budentisches fallen durch ihre orientalische Tracht und die Farbigkeit ihrer Gewänder auf.

Während die Menschen um ihn herum ganz ihren Geschäften zugewandt sind, hat der dunkel gekleidete Kaufmann in der Bildmitte die kostbare Perle entdeckt und hält sie sich dicht vor die Augen. Gestik und Gesichtsausdruck verraten seine große Freude über den Fund noch nicht, er wird jedoch seinen ganzen Besitz für diese eine Perle hergeben.

Bild 67
Das Gleichnis von der kostbaren Perle *(um 1615), Domenico Feti (1589-1623)*
Öl/Pappelholz, 60,5 x 44 cm, Wien, Kunsthistorisches Museum

GEBOT UND GEBET

Dieses Kapitel befaßt sich vor allem mit zwei Bibeltexten, die von grundlegender Bedeutung für die christliche Gemeinschaft sind: mit den Zehn Geboten und dem Vaterunser. Es enthält zu beiden jeweils einen Bilderzyklus.

Die Zehn Gebote sind ein Kernstück des umfangreichen Gesetzes, das Gott der Überlieferung im Alten Testament zufolge durch Mose dem jüdischen Volk überbringen ließ. Jesus hat zwar die Auslegung von einigen der vielen Vorschriften durch fromme Juden, insbesondere durch die Pharisäer kritisiert, aber nie die Zehn Gebote selbst in Frage gestellt. Für die Apostel gehörten sie so selbstverständlich zur Lehre Jesu, daß sie von den ersten Christen unverändert aus der jüdischen Glaubenslehre übernommen wurden.

Anders als die Zehn Gebote findet sich der Text des wichtigsten Gebets der Christenheit erst im Neuen Testament. Als seine Jünger ihn nach einem Gebet fragten, lehrte sie Jesus das Vaterunser (Matthäus 6,9-13). Es wird deshalb auch das ‚Gebet des Herrn‘ genannt und ist ein wichtiger Bestandteil jedes Gottesdienstes.

Den Anfang des Kapitels bildet jedoch zunächst ein Gemälde zum Gleichnis vom Pharisäer und vom Zöllner, anhand dessen Jesus den Menschen erklärte, wie sie im Gebet Gott gegenübertreten sollen. Der Pharisäer glaubt von sich, er könne mit einer strengen Lebensführung aus eigener Kraft alle im Alten Testament aufgeführten Gesetze befolgen und müsse daher bei Gott Gefallen finden. Der Zöllner ist sich dagegen seiner menschlichen Schwächen bewußt und hofft auf die im Neuen Testament verheißene Vergebung seiner Sünden.

DAS GLEICHNIS VOM PHARISÄER
UND VOM ZÖLLNER

„Zwei Männer gingen zum Tempel hinauf, um zu beten; der eine war ein Pharisäer und der andere ein Zolleinnehmer. Der Pharisäer stellte sich selbstbewußt hin und betete: ‚Ich danke dir, Gott, daß ich nicht so bin wie die übrigen Menschen – ich bin kein Räuber, kein Betrüger und kein Ehebrecher, und ich bin auch nicht wie jener Zolleinnehmer dort. Ich faste zwei 'Tage' in der Woche und gebe den Zehnten von allen meinen Einkünften.‘ Der Zolleinnehmer dagegen blieb in weitem Abstand stehen und wagte nicht einmal aufzublicken. Er schlug sich an die Brust und sagte: ‚Gott, vergib mir sündigem Menschen 'meine Schuld'!‘ Ich sage euch: Der Zolleinnehmer war 'in Gottes Augen' gerechtfertigt, als er nach Hause ging, der Pharisäer jedoch nicht. Denn jeder, der sich selbst erhöht, wird erniedrigt werden, aber wer sich selbst erniedrigt, wird erhöht werden.“ Lukas 18,10-14

Der 1624 in Holland geborene Maler Barent Fabritius war etwa zwischen 1645 und 1650 Schüler Rembrandts. Mit seinem Gemälde ‚Das Gleichnis vom Pharisäer und vom Zöllner‘ von 1661 war ursprünglich das Emporengeländer der lutherischen Kirche in Leiden verkleidet.

Dadurch erklärt sich auch das ungewöhnlich breite Format des Bildes.

Der Maler stellt das Gleichnis in drei Szenen dar. Im Mittelteil des Bildes öffnet sich zwischen zwei Pfeilern hindurch der Blick ins Tempelinnere. Auf einem

Bild 68
Das Gleichnis vom Pharisäer und
vom Zöllner *(1661)*
Barent Fabritius (1624-1673)
Öl/Leinwand, 95 x 287 cm
Amsterdam, Rijksmuseum

Altar links von der Säule steht ein Leuchter mit brennender Kerze, die sich im Hintergrund widerzuspiegeln scheint. An dieser für andere Tempelbesucher gut sichtbaren Stelle spricht der in den Bildvordergrund gerückte, reich gekleidete Pharisäer mit pathetischer Gebärde sein Gebet. Er preist sich selbst und seine tadellose Lebensführung.

Rechts hinter der Säule wendet sich der reuige Zöllner demütig mit entblößtem Haupt zum Gehen und wirft dabei noch einmal scheu einen Blick auf den Altar.

In den seitlichen Bildfeldern sind die beiden Hauptfiguren des Gleichnisses erneut zu sehen. Der Treppenabsatz, auf dem der Pharisäer steht, liegt höher und ist kunstvoller gestaltet als der, über den der Zöllner aus dem Tempel geht.

Ein fliegender Teufel, der als Zeichen der Falschheit eine Maske in der Hand hält, empfängt den selbstgefälligen Pharisäer. Über dem Zöllner aber schwebt ein Engel. Der Himmelsbote trägt ein Tuch mit der Inschrift: „Denn wer sich selbst erhöht, wird erniedrigt werden, und wer sich selbst erniedrigt, wird erhöht werden" (Matthäus 23,12).

DIE ZEHN GEBOTE

Da in das Alte Testament verschiedene Überlieferungen eingearbeitet wurden, wiederholen sich darin manche Texte. So sind auch die Zehn Gebote in das zweite und in das fünfte Buch Mose aufgenommen worden (2.Mose 20,2-17 und 5.Mose 5,6-21). Als Berg, auf dem Gott Mose erscheint, wird der Sinai genannt, es wird aber auch von dem Bund gesprochen, den Gott am Berg Horeb mit seinem Volk geschlossen habe.

Bei der Numerierung der Gebote für die Verwendung in der Kirche wurde im Lauf der Geschichte eine Veränderung vorgenommen, die auf eine grundsätzliche Überlegung zum Bilderverbot zurückgeht. In 2.Mose 20,4-5 – dem ursprünglichen zweiten Gebot – fordert Gott: „Du sollst dir kein Bildnis noch irgend ein Gleichnis machen, weder von dem, was oben im Himmel, noch von dem, was unten auf Erden, noch von dem, was im Wasser unter der Erde ist: Bete sie nicht an und diene ihnen nicht!" In den Synagogen – den jüdischen Versammlungsstätten für den Gottesdienst – gibt es deshalb selten bildliche Darstellungen, meistens sind die Räume nur mit Ornamenten ausgemalt.

Selbstgemachte Götterbilder waren zu allen Zeiten weit verbreitet. Die Frage, ob allein ihre Anbetung oder bereits die Darstellung von Mensch und Tier, Pflanzen und Gegenständen verboten sei, wurde immer wieder gestellt. Im byzantinischen Kaiserreich dauerte der ‚Bilderstreit' mehr als hundert Jahre und führte schließlich auch dort zu der Auffassung, das Anfertigen von Bildern sei erlaubt, nicht aber ihre Anbetung.

Im oben zitierten zweiten Gebot wurde deshalb der erste Satz, der das absolute Bilderverbot enthält, gestrichen. Auch der zweite Satz, der das Anbeten von Bildern untersagt, könne – so die Auffassung der damaligen Theologen – entfallen, da schon das erste Gebot fordert, der Mensch solle neben Gott keine anderen Götter haben. Auf diese Weise wurden die beiden ersten Gebote zu einem zusammengefaßt. Um trotzdem die Zahl Zehn beizubehalten, wurde das zehnte Gebot in ein neuntes und ein zehntes aufgeteilt.

Der Kunst wurde durch diese Auslegung ein weites Betätigungsfeld eröffnet. Mit der Aufgabe, Bilder zur Ehre Gottes zu schaffen, setzte eine Entwicklung ein, die über viele Jahrhunderte hinweg die christliche Kultur prägte.

In der Reformationszeit wurde die Zulässigkeit von Bildern erneut erörtert. Die katholische Kirche und Luther sahen die Gemälde und Statuen in den Kirchen als eine nützliche Hilfe für die vielen Analphabeten an. Die Anhänger der Reformatoren Calvin und Zwingli lehnten dagegen bildliche Darstellungen von Gott ab. Sie behielten deshalb das zweite Gebot aus den Büchern Mose mit einer entsprechenden Auslegung bei.

Da der hier abgebildete Zyklus zu den Zehn Geboten von Otto Münch vom Portal einer reformierten Kirche – der ‚Bibeltür' des Großmünsters in Zürich – stammt, schließt er sich der Zählung der reformierten Kirchen an. Auf den folgenden Seiten ist diese jeweils oben rechts angegeben, oben links steht die Fassung, wie sie in der katholischen Kirche und in den evangelisch-lutherischen Kirchen gebräuchlich ist.

Die ersten drei Gebote nach der katholischen und lutherischen Festlegung betreffen das Verhältnis zwischen Gott und den Menschen, die folgenden regeln das menschliche Zusammenleben. In der Kunst wird diese Unterteilung oft dadurch aufgezeigt, daß auf den Gesetzestafeln des Mose die Zahlen eins bis drei und vier bis zehn stehen.

Die reformierten Kirchen haben den vollen Wortlaut der Zehn Gebote aus dem Alten Testament übernommen. Auf den Abdruck der erläuternden Bestandteile mußte in diesem Buch verzichtet werden.

Der Bildhauer Theodor Allers war von 1681 bis 1707 in Schleswig-Holstein als Künstler tätig. Die außergewöhnlich große und reich mit Figuren geschmückte Kanzel für die Kirche St. Nikolai in Kiel hat er 1705 im Auftrag eines Privatmannes geschaffen. Den Korb der Kanzel trägt die Statue des Mose, dem die Christenheit einen wesentlichen Teil der Fundamente ihres Glaubens verdankt. Überragt wird das gesamte Kunstwerk von der Gestalt des auferstandenen Christus.

Allers hat seinen Mose – wie vielfach üblich – mit Hörnern dargestellt. Dies geht wohl auf einen Übersetzungsfehler (2. Mose 34) zurück, weil Horn und Strahl (Glanz) im Hebräischen sprachlich verwandte Worte sind.

Auf den dunklen Gesetzestafeln sind in Gold die römischen Zahlen 1-3 und 4-10 vermerkt. In seiner Rechten hält Mose den Stab, mit dem er für die Israeliten nach dem Auszug aus Ägypten in der Wüste Wasser aus dem Felsen schlug (4.Mose 20,2-11).

Bild 69
Mose als Träger eines Kanzelkorbs *(1705)*
Theodor Allers
Eichenholz
Kiel, St. Nikolaikirche

Zum Zehn-Gebote-Zyklus an der ‚Bibeltür‘ des Großmünsters in Zürich

Der Architekt und Bildhauer Otto Münch wurde 1885 in Meißen geboren und lebte von 1911 bis zu seinem Tod 1965 in Zürich. Der Künstler befaßte sich vor allem mit Bauplastiken und betreute Anfang der 30er Jahre als Restaurator die mittelalterlichen Steinskulpturen am Züricher Großmünster. Aus dieser Tätigkeit ergaben sich dann die Aufträge für zwei Portale, die ‚Zwinglitür‘ auf der Südseite der Kirche und die ‚Bibeltür‘ auf ihrer Nordseite.

Nachdem Münch 1939 das Südportal fertiggestellt hatte, das dem Züricher Reformator Huldrych Zwingli gewidmet ist, begann er 1944 mit den Vorarbeiten für das Nordportal. Dabei legte der Künstler besonderen Wert auf eine ausgewogene Gestaltung sowohl der einzelnen Bildfelder als auch der gesamten Tür mit ihrem Rahmen. Dem Umstand, daß die Tür nie in direktem Sonnenlicht liegt, begegnete Münch mit einer außergewöhnlich großen Tiefe seiner Bronzereliefs.

Die ‚Bibeltür‘, deren Thema die christliche Heilsbotschaft ist, besteht aus 42 quadratischen Kassetten, die Motive zu den Zehn Geboten, dem Glaubensbekenntnis und dem Vaterunser zeigen. Vier Reliefs der Mütter aus dem Stammbaum Jesu ergänzen dieses umfangreiche Bildprogramm.

Münch illustrierte die Zehn Gebote in einer knappen, ausdrucksstarken Bildersprache mit Darstellungen von alttestamentlichen Ereignissen. Die insgesamt zwölf Bronzetafeln zu den Zehn Geboten sind zu einem zweireihigen Fries zusammengefaßt, der oberhalb der Türflügel verläuft. Zwei Schriftfelder sprechen darin vom ‚Anfang‘: „Im Anfang schuf Gott den Himmel und die Erde" (1.Mose 1,1) und: „Im Anfang war das Wort und das Wort war bei Gott" (Johannes 1,1).

Nach dem Krieg arbeitete Otto Münch für die Katharinen-Kirche in Hamburg. Das letzte Werk des Künstlers waren die Bronzetüren von St. Petri in Soest.

Da zu den Bildern mehrfach sehr lange Bibelabschnitte gehören, konnten nur knapp gehaltene Nacherzählungen abgedruckt werden. Die Fundstelle der vollständigen Texte ist jeweils angegeben.

Bild 70-79
Zehn-Gebote-Zyklus *(1950)*
Otto Münch (1885-1965)
Zehn Bronzereliefs von der ‚Bibeltür‘
Zürich, Großmünster

Zählung der katholischen und der evangelisch-lutherischen Kirche

Das erste Gebot:

Ich bin der Herr, dein Gott.
Du sollst nicht andere Götter haben
neben mir.

Zählung der reformierten Kirche

Das erste Gebot:

Ich bin der Herr, dein Gott, (...).
Du sollst keine anderen Götter haben
neben mir.

Das zweite Gebot:

Du sollst dir kein Bildnis noch irgendein
Gleichnis machen, (...). Bete sie nicht an
und diene ihnen nicht. (...).

Der Prophet Elia und die Baalpriester

Ahab, der König von Israel, hatte Isebel, die Tochter des Königs von Sidon, geheiratet und den Kult des Götzen Baal eingeführt. Zur Strafe schickte Gott eine große Dürre über das Land, die Elia dem Herrscher ankündigte. Ahab suchte die Schuld für die folgende Hungersnot allein bei Elia, dem Gott deshalb befahl, sich zu verbergen.

Als Elia auf Gottes Geheiß wieder zurückgekehrt war, forderte er die Baalpriester auf, einen Stier für ein Brandopfer vorzubereiten. Sie selbst sollten aber kein Feuer ↗

Im Hintergrund warten drei Baalpriester an ihrem Altar mit dem Opferstier vergeblich auf ein Zeichen von Baal. Elia aber dankt Gott, der auf sein Gebet hin Feuer vom Himmel fallen ließ. Die Gläubigen des Volkes Israel sind auf die Knie gefallen und erleben ergriffen das Wunder.

Bild 70

legen, sondern den Brand für das Opfer von Baal erbitten. Trotz aller Bemühungen der Priester konnte der Götze dieses Zeichen seiner Macht nicht erbringen.

Da errichtete auch Elia einen Altar, schichtete Holz auf und legte den geschlachteten Stier darauf. Er ließ dreimal Wasser über Holz und Opfer gießen, dann rief er Gott an: „Herr, Gott Abrahams, Isaaks und Israels! Laß heute kundwerden, daß du Gott in Israel bist und ich dein Knecht und daß ich das alles nach deinem Wort getan habe! Erhöre mich, Herr, erhöre mich, (...)" (1.Könige 18,36-37).

Da ließ der Herr Feuer herabfallen. Es verzehrte nicht nur das Opfer und die Holzscheite, sondern auch das Wasser, die Steine und die Erde ringsum (1.Könige 16,29-33; 17,1-2; 18).

Das goldene Kalb

Als Mose für längere Zeit auf dem Berg Sinai weilte, wo ihm Gott vielerlei Weisungen für das Verhalten der Menschen erteilte, wurden die Israeliten ungeduldig und forderten Aaron auf, ihnen ein Götzenbild anzufertigen. Da schmolz der Bruder und Gehilfe des Mose ihren Goldschmuck ein und goß eine Tierstatue daraus. In der Bibel wird von einem Kalb gesprochen, weit verbreitet waren damals aber vor allem Stiergottheiten (2.Mose 32,1-6).

Das Volk singt und tanzt wie im Rausch um das goldene Kalb und bildet dabei einen dicht geschlossenen Kreis um das Götzenbild. Das rechts an den Rand gedrängte Kind versteht das seltsame Treiben der Erwachsenen nicht und ist verängstigt. Vergeblich versucht es, die Verwirrten anzusprechen.

Bild 71

Das zweite Gebot:

Du sollst den Namen des Herrn, deines Gottes, nicht unnütz gebrauchen.

Das dritte Gebot:

Du sollst den Namen des Herrn, deines Gottes, nicht mißbrauchen, (...).

Gotteslästerung

Bei den alten Völkern des Orients war die Vorstellung weit verbreitet, daß der Name nicht nur eine Bezeichnung sei, sondern ein wichtiger Bestandteil des Benannten. Wer einen Namen mißbrauchte, beleidigte somit auch die Person. Fromme Juden scheuten sich deshalb davor, den Namen Gottes überhaupt auszusprechen und ersetzten das Wort ‚Jahwe' selbst bei Lesungen aus den Büchern des Alten Testaments stets durch ‚Adonai' (‚Herr').

In den Versen 3.Mose 24,10-16 wird vom Sohn einer Israelitin und eines Ägypters erzählt, er habe während eines Streites den Namen des Herrn gelästert und sei deshalb gefangen genommen und zu Mose gebracht worden. Dieser erhielt von Gott den Befehl, die Gemeinde solle den Mann steinigen.

Mose ordnet die Hinrichtung des Gotteslästerers an, der in Todesangst vor den Steinewerfenden zurückweicht. Er wird jedoch aufgehalten von einem Strauch, der an den brennenden Dornbusch erinnert, in dem Gott am Berg Horeb dem Mose erschien (2. Mose, 3,2-6) und ihm seinen Namen sagte (2. Mose 3,13-15). Der Gotteslästerer hat diesen Namen mißbraucht und kann nun seinem Schicksal nicht entrinnen. Die übereinstimmende Haltung der zwei Frauen und drei Männer drückt die unerbittliche Entschlossenheit der Israeliten aus, das Gottesurteil zu vollstrecken.

Bild 72

165

Das dritte Gebot:

Du sollst den Feiertag heiligen.

Das vierte Gebot:

**Gedenke des Sabbattages,
daß du ihn heiligest.(...).**

Sabbatruhe

Nehemia hatte es als Nachkomme eines in die Gefangenschaft verschleppten Juden zu großem Ansehen am Hofe des persischen Großreiches gebracht. Er erhielt vom König die Erlaubnis, in der Heimat seiner Vorfahren Reformen durchzuführen. So ließ er die Stadtmauern von Jerusalem instandsetzen, und veranlaßte, daß dem Volk das Gesetz Mose gelehrt wurde. Händler aus den Nachbarvölkern kamen jedoch auch am Sabbat mit ihren Waren, mit Obst, Gemüse, Wein und mit Fischen in die Stadt, um sie an die Juden zu verkaufen. Als Nehemia sah, daß trotz einer ernsten Mahnung die Sabbatruhe nicht eingehalten wurde und ein reger Handel herrschte, ließ er zu Beginn des Ruhetags die Tore der Stadt schließen und stellte Wachen auf (Nehemia 13,15-22).

Vor dem niederen Stadttor hält ein Soldat Wache. Die neu errichtete dicke Stadtmauer trennt den Bereich der frommen Israeliten von der Welt der geschäftigen Händler, die auch am Sabbat Handel treiben wollen. Die Größe ihrer Figuren symbolisiert die Macht, die diese Männer bisher besaßen.

Im ersten Stock eines Hauses in der Stadt verbringt ein Ehepaar den Tag des Herrn dagegen in Ruhe und stiller Besinnlichkeit. Darunter betet in einer Nische eine von Kopf bis Fuß verhüllte Gestalt.

An der Innenseite des Stadttors steht Nehemia. Er hält im Arm wohl das Gesetz Mose, das er dem Volk lehren ließ. Die Größe seiner Gestalt zeigt, daß er mit der Kraft seines Geistes erfolgreich der wirtschaftlichen Macht der Händler entgegentreten kann.

Bild 73

Du sollst deinen Vater und deine Mutter ehren, (...)

Absalom erhebt sich gegen seinen Vater König David

Absalom hatte sich gegen seinen Vater erhoben, um selbst über das Reich Israel zu herrschen. König David mußte aus Jerusalem fliehen und Absalom folgte ihm mit einem großen Heer. Es kam zur Schlacht, an der Absalom auf einem Maultier reitend teilnahm. Als er unter einer Eiche hindurchritt, verfing sich sein langes Haar an einem Ast. Joab, einer der Heerführer Davids, hörte von diesem Mißgeschick Absaloms und erstach den wehrlos am Baum Hängenden. Der Mord geschah, obwohl der König seinen Kriegern befohlen hatte, das Leben Absaloms zu schonen, den er immer noch liebte (2.Samuel 18,1-18).

Im Hintergrund ragen die Mauern der Stadt in die Höhe, in der David Zuflucht gefunden hat. Die Entscheidungsschlacht zwischen den Heeren Davids und Absaloms hat bereits Opfer gefordert: Gefallene Soldaten liegen im Vordergrund auf der Erde. Als sich die Haare des Königsohns an einem Ast verfangen, sein Pferd aber in vollem Galopp weitersprengt, wird er aus dem Sattel gerissen. Joab nützt die hilflose Lage des Aufrührers aus und tötet ihn mit einer Lanze.

Der Künstler hat in seinem Relief ein Pferd dargestellt, obwohl in der Bibel von einem Maultier die Rede ist. Otto Münch ist von der Textvorlage abgewichen und hat eine ‚künstlerische Freiheit‘ für sich in Anspruch genommen, wahrscheinlich weil ein springendes Pferd eindrucksvoller gestaltet werden kann als ein davongaloppierendes Maultier.

Bild 74

Du sollst nicht töten.

Kain und Abel

Kain und Abel, die Söhne von Adam und Eva, brachten beide ein Opfer dar. Gott beachtete aber nur Abel, der als Hirte eines seiner Tiere geschlachtet hatte. Da wurde Kain, der Ackerbauer, zornig und blickte finster zur Erde. Gott sprach ihn an und sagte ihm, er könne frei nach oben schauen, wenn er keine schlechten Absichten habe. Kain ließ sich aber trotz dieser Warnung nicht von seinem bösen Vorhaben abhalten. Er lud Abel ein, mit ihm aufs Feld zu gehen, und erschlug dort seinen Bruder (1.Mose 4,1-16).

Kain führte Abel aufs Feld hinaus. Bei seinem Getreideacker hat er den Bruder am Arm gepackt und schlägt nun mit einer großen Keule auf ihn ein. Abel, der von Schafen aus seiner Herde begleitet wird, sinkt schon nach hinten zusammen und blickt in tiefer Todesangst zum Himmel. Das haßverzerrte Gesicht Kains zeugt von seiner wütenden Entschlossenheit, den Bruder zu töten.

Eine dichte Wolke hängt über dem Feld. Sie kann Sinnbild für eine Bedrohung sein und Unheil ankündigen, sie kann aber auch die Gegenwart Gottes anzeigen, wie dies beim Zug des Volkes Israel durch die Wüste beschrieben wird (2.Mose 13,21-22).

Bild 75

Du sollst nicht ehebrechen.

Potifars Ehefrau will Josef verführen

Potifar, ein Hofbeamter des Pharao, hatte seinen Sklaven Josef, dem mit Gottes Hilfe alles glückte, zum Verwalter seines Vermögens eingesetzt. Potifars Frau versuchte bald mit allen Mitteln, den jungen Mann zu verführen, der jedoch der Versuchung stets widerstand. Als die beiden eines Tages allein im Haus waren, wollte sich Josef einmal mehr den Verlockungen der Frau entziehen. Sie packte den Sklaven jedoch am Gewand. Josef riß sich los und ließ seinen Mantel in ihrer Hand zurück. Darauf rächte sich Potifars Frau und behauptete ihrem Mann gegenüber, Josef sei über sie herge-fallen. Mit dem Gewand als Beweismittel erreichte sie, daß Josef ins Gefängnis geworfen wurde (1.Mose 39).

Potifars Frau sitzt fast nackt im Bett und hat nach Josefs Kleidern gefaßt, um ihn zu sich herzuziehen. Der Sklave wendet sich aber zur Flucht, und läßt seinen Mantel zurück. Abweh-rend hat er die rechte Hand erhoben und die linke zum Zeichen seiner Standhaftigkeit auf das Herz gelegt. Der Pfau am Kopfende des Bettes symbolisiert den Reichtum und Luxus im Haus des Potifar, aber auch Hochmut, Stolz und Eitelkeit der ehebrecherischen Frau.

Bild 76

Du sollst nicht stehlen.

Der Diebstahl Achans

Als die Israeliten das ihnen verheißene Land Kanaan in Besitz nahmen, leistete die Stadt Jericho lange Widerstand und konnte erst erobert werden, als Gott ihre Mauern unter dem Ruf der Posaunen einstürzen ließ. Der Beuteschatz aus der Eroberung Jerichos sollte deshalb Gott geweiht sein, Achan hatte aber einen kostbaren Mantel an sich genommen, dazu Silbermünzen und einen Goldbarren. Der Herr war über diesen Diebstahl sehr erzürnt und versagte den Israeliten seinen Beistand bei der Eroberung einer Stadt namens Ai. Auf Gottes Geheiß wurde der Dieb Achan entlarvt. Er gestand, sein Vergehen und ganz Israel steinigte ihn und seine gesamte Familie und verbrannte auch seinen Besitz (Josua 6 und 7).

In einem Erdloch hält Achan das Diebesgut verborgen und fürchtet nun die Entdeckung des unterschlagenen Mantels, des Goldes und des Silbers. Beklommen ist er vor sein Zelt getreten, weil das schlechte Gewissen ihn nicht zur Ruhe kommen läßt. Verstohlen hält er Ausschau und lauscht voller Angst auf die Tritte der Lagerwache. Zwei bewaffnete Männer sind schon unterwegs, um den Dieb festzunehmen und abzuführen.

Bild 77

Du sollst nicht falsch Zeugnis reden wider deinen Nächsten.

Jakob erschleicht sich den Erstgeburtssegen

Jakob und Esau, die Söhne Isaaks und Rebekkas, waren Zwillingsbrüder. Als Esau einmal müde und hungrig vom Feld nach Hause kam, verkaufte er seinem jüngeren Bruder für ein Linsengericht sein Erstgeburtsrecht. Viele Jahre später wollte der inzwischen fast erblindete Isaak vor seinem Tod dem älteren Sohn Esau den Erstgeburtssegen erteilen. Vorher sollte er dem Vater aber ein Wildbret zubereiten, das dieser so gerne aß. Rebekka hatte das Gespräch der beiden belauscht. Sie fordert ihren Lieblingssohn Jakob auf, zwei Ziegenböcklein aus der Herde zu holen, die sie nach Esaus Rezept zubereitete. Nachdem die Mutter ihm die Tierfelle um die Arme gebunden hatte, trug Jakob das Gericht auf. Der Vater war unsicher, welcher seiner beiden Söhne zu ihm gekommen sei. An der rauhen Haut und der dichten Behaarung glaubte er jedoch, Esau zu erkennen, und erteilte ihm den Segen. So erschlich sich Jakob zum Erstgeburtsrecht auch noch den Erstgeburtssegen (1.Mose 25, 19-34; 27,1-40).

Im Hintergrund jagt Esau noch mit Pfeil und Bogen das Wild, das sich sein Vater gewünscht hat. In einer kleinen Vorhalle steht Rebekka und beobachtet, wie Isaak ihrem Lieblingssohn Jakob den Erstgeburtssegen erteilt. Die rechte Hand hat der Vater auf den Kopf des Sohnes gelegt, mit der anderen faßt er ihn am Arm, um sich zu vergewissern, daß Esau vor ihm kniet. Auf dem Tisch stehen noch die Reste des Mahls, mit dem sich Jakob das Vertrauen seines Vater erschlichen hat.

Bild 78

Das neunte Gebot:

Du sollst nicht begehren deines Nächsten Haus.

Das zehnte Gebot:

Du sollst nicht begehren deines Nächsten Weib, Knecht, Magd, Vieh noch alles, was sein ist.

Das zehnte Gebot:

Du sollst nicht begehren deines Nächsten Haus. Du sollst nicht begehren deines Nächsten Weib, Knecht, Magd, Rind, Esel, noch alles, was dein Nächster hat.

Nabots Weinberg

König Ahab wollte einen nahe bei seinem Palast gelegenen Weinberg kaufen. Nabot, der Besitzer,weigerte sich aber, das Erbe seiner Väter aufzugeben. Darüber ärgerte sich Ahab so sehr, daß er sich mit dem Gesicht zur Wand auf sein Bett legte und nicht essen wollte. Seine Frau Isebel versprach, ihm den Weinberg zu verschaffen und ließ Nabot durch falsche Zeugen beschuldigen, er habe gegen Gott und den König gelästert. Darauf stand als Strafe der Tod durch Steinigung. Als aber das Urteil vollstreckt war und Ahab den Weinberg in Besitz nehmen wollte, kam der Prophet Elia und verkündigte ihm, Gott werde ihn für das an Nabot begangene Unrecht hart bestrafen (1.Könige 21).

Nabot steht selbstbewußt vor seinem Weinberg, der ihm so sehr am Herzen liegt. In der Hand hält er ein Messer zum Schneiden der Reben. Hinter ihm liegt König Ahab in seinem Palast auf dem Bett und starrt zornig gegen die Wand.

Königin Isebel steht ähnlich wie Rebekka auf Bild 78 abgesondert für sich in einem engen Vorraum. Dort schmiedet sie ihren Plan, den Wunsch des Königs Ahab durch Gewalt und Unrecht zu erfüllen.

Bild 79

172

DAS VORNEHMSTE
UND
GRÖSSTE GEBOT

Zwei der Evangelisten erzählen von einem Schriftgelehrten,
der Jesus nach dem vornehmsten Gebot im Gesetz fragt.
Bei Matthäus (22,37) lautet nach der
Neuen Genfer Übersetzung der Bibel die Antwort:

**„Du sollst den Herrn, deinen Gott, lieben
von ganzem Herzen, mit ganzer Hingabe
und mit deinem ganzem Verstand!
Dies ist das größte und wichtigste Gebot.
Ein zweites ist ebenso wichtig:
Liebe deinen Mitmenschen wie dich selbst!"**

Die beiden Kernsätze stammen aber nicht von Jesus, sondern
er zitiert hier zwei Verse aus dem Alten Testament, die er zu
einer Aussage zusammenfügt. Nach der Lutherübersetzung
von 1984 heißt es im 5.Mose 6,5:

**„Du sollst den Herrn, deinen Gott, liebhaben
von ganzem Herzen, von ganzer Seele
und mit all deiner Kraft."**

und im 3.Mose 19,18:

„Du sollst deinen Nächsten lieben wie dich selbst."

Das von Christen oft genannte vornehmste und größte Gebot
ist demnach uraltes jüdisches Glaubensgut.

Bei Markus findet sich ein ähnliches Gespräch zwischen
einem Schriftgelehrten und Jesus wie bei Matthäus.
Es gibt jedoch einen wesentlichen Unterschied.
Nach Markus (12,29-31) schickt Jesus seiner Antwort den
Vers 5.Mose 6,4 voraus, einen wichtigen Bestandteil
jüdischer Gebete, das ‚Schma Israel':

„Höre, Israel, der Herr ist unser Gott, der Herr allein."

DAS VATERUNSER

Vater unser im Himmel.
Geheiligt werde dein Name.
Dein Reich komme.
Dein Wille geschehe, wie im Himmel, so auf Erden.
Unser tägliches Brot gib uns heute.
Und vergib uns unsere Schuld, wie auch wir vergeben unsern Schuldigern.
Und führe uns nicht in Versuchung,
sondern erlöse uns von dem Bösen.
Denn dein ist das Reich und die Kraft
und die Herrlichkeit in Ewigkeit. Amen.
Matthäus 6,9-13

Von den sieben Bitten des Vaterunsers betreffen die ersten drei Gott und sein Handeln am Menschen.

Die folgenden vier Bitten ergeben sich aus den Sorgen und Nöten des Menschen. Im Mittelpunkt stehen dabei seine irdischen Bedürfnisse und das Verhalten gegenüber seinen Mitmenschen.

Nur derjenige, der selbst vergebe, könne Vergebung vor Gott erlangen. Dies geht aus der Bitte hervor: „Und vergib uns unsere Schuld, wie auch wir vergeben unsern Schuldigern." Obwohl in den anderen Bitten solche Voraussetzungen nicht genannt werden, gilt für sie ähnliches. Der Mensch – dies gehört mit zur Botschaft des Vaterunsers – soll sich nicht nur mit seinem Anliegen an Gott wenden, sondern auch seinen Beitrag dazu leisten, damit das Vaterunser ein Stück weit in Erfüllung geht.

Zum Vaterunser-Zyklus
aus der Werkstatt von Lukas Cranach dem Älteren

Bilder zum Vaterunser entstanden erst zu Beginn des 16. Jahrhunderts in größerer Zahl. Meist dienten sie der Illustration von Texten. So auch der Vaterunser-Zyklus, der in der großen Werkstatt von Lukas Cranach d. Ä. entstand.

Die acht Holzschnitte wurden für Martin Luthers ‚Kleinen Katechismus‘ geschaffen. Mit dem Reformator verband Lukas Cranach – neben Dürer und Grünewald der bekannteste deutsche Künstler der Renaissance – eine enge Freundschaft. Seine Werkstatt fertigte jedoch für evangelische und für katholische Auftraggeber Gemälde mit religiösen Motiven an. Berühmt ist Cranach auch wegen der zahlreichen Portraits, die bei ihm in Auftrag gegeben wurden, und den vielen Szenen aus der Welt der Mythologie, in denen er das weibliche Schönheitsideal seiner Zeit festgehalten hat.

Die Holzschnitte, die das Vaterunser illustrieren, zeigen überwiegend Motive aus dem Neuen Testament. Für das Titelblatt wählte der Künstler aber ein alttestamentliches Thema und für die Bebilderung der ersten Bitte eine zu Lebzeiten des Künstlers ‚moderne‘ Szene.

Wie bei den Zehn Geboten werden zuerst kurze Erläuterungen zum Inhalt der Bitten des Vaterunsers und anschließend zur Gestaltung der Bilder gegeben.

Katechismus: Buch, das der religiösen Unterweisung in Kirche, Familie und Schule dient. Es bietet in der Regel eine kurze Zusammenfassung der christlichen Heilslehre. Das klassische Beispiel für diesen Buchtyp ist Martin Luthers ‚Kleiner Katechismus‘ von 1529.

Bilder 80-87
***Vaterunser-Zyklus** (1527)*
Werkstatt von
Lukas Cranach d.Ä (1472-1553)
Acht Holzschnitte, ca. 14 x 9,5 cm

Vater unser im Himmel

Ein Raumfahrer meldete während seines Flugs, im Weltall gebe es keinen Platz für den lieben Gott. Er hatte zwar recht mit seiner spöttisch gemeinten Bemerkung und verfehlte doch damit das Wesentliche. Gott ist unsichtbar und unfaßbar, er ist höher als unsere Vernunft (Philipper 4,7). Früher, als es noch keine Flugzeuge und keine Raumschiffe gab, schien der weite Himmel eine passende Umschreibung für diese Tatsache zu sein. Seit dem Beginn der Neuzeit haben jedoch viele Menschen erkannt, daß es sich beim Himmel im religiösen Sprachgebrauch um ein Symbol für eine höhere Welt handelt.

Ähnlich verhält es sich mit dem Begriff des Vaters. Auch er steht als Sinnbild für ein Wesen, das unser Verstand nicht zu erfassen vermag. Die liebende Fürsorglichkeit, die viele Menschen von Gott erbitten, würde heute wohl eher der Mutter zugeordnet. Mit Mutter-Gottheiten verbinden sich aber in der Geschichte der Religionen Vorstellungen, die weder mit dem jüdischen noch mit dem christlichen Glauben vereinbar sind.

Gottvater hat die Schöpfung der Welt vollendet und segnet nun sein Werk. Das feste Land ist vom Wasser geschieden, am Himmel stehen die Sterne, Pflanzen wachsen auf der Erde und Tiere bevölkern sie. Außerhalb des ‚Erdkreises‘ hängen Wolken, die Regen und damit auch Leben bringen und aus den vier Bildecken blasen kräftig die durch Köpfe symbolisierten Winde.

Bild 80

176

Geheiligt werde dein Name

Der Mensch soll den Namen Gottes weder durch Fluchen noch durch gedankenloses Verwenden frommer Redewendungen mißbrauchen. Gelobet und gepriesen wird der Name Gottes – so erläutert eine Bildunterschrift, die der Künstler unter den Holzschnitt setzte – durch rechtes Leben und rechten Glauben.

In einer schlichten, schmucklosen Kirche predigt ein protestantischer Pfarrer, dessen Gesichtszüge ein wenig an die des jungen Martin Luther erinnern. In dem sehr vornehm gekleideten Herrn, der seinen großen Hut auch in der Kirche aufbehält, könnte man den Landesherrn von Martin Luther und von Lukas Cranach vermuten: Friedrich den Weisen, Kurfürst von Sachsen. Weil es damals in den Kirchen noch keine Bänke gab, verfolgen die Kirchgänger stehend und auf dem Boden oder auf Hockern sitzend die Predigt.

An ungewohnter Stelle steht mitten im Raum ein Kruzifix und deutet auf die Verheißung Jesu hin: „Denn wo zwei oder drei in meinem Namen versammelt sind, da bin ich in ihrer Mitte" (Matthäus 18,20).

Bild 81

177

Dein Reich komme

Das Reich Gottes wird in der Bibel immer wieder in Visionen beschrieben, so bei Jesaja (Kapitel 11) und in der Offenbarung des Johannes (Kapitel 21). Dort werden Bilder einer Welt gezeichnet, in der es nach dem Sieg über den Teufel keinen Kampf und keine Gewalt, keine Feindschaft und keinen Tod mehr gibt. Von dieser Welt hat auch Jesus gepredigt. Dieses Gottesreich wird der Menschheit erst nach dem Jüngsten Gericht offenstehen. Doch schon heute sollen die Menschen die Erde als Teil dieses Reiches begreifen und deshalb im Mitmenschen das Ebenbild Gottes erkennen und möglichst schonend mit der Natur umgehen.

Für die Apostel kam bereits an Pfingsten ein Teil des Himmelreichs auf die Erde. Mit Tosen wie bei einem heftigen Sturm brachte ihnen der Heilige Geist auch die Fähigkeit, in fremden Sprachen zu reden und zu predigen. Umgeben von einem Strahlenkranz und begleitet von Feuer und Rauch schwebt die Taube des Heiligen Geistes über den zwölf Aposteln. Flammenzungen, die ihnen aus dem Mund schlagen, symbolisieren das Pfingstwunder (Apostelgeschichte 2,1-13).

Bild 82

178

Dein Wille geschehe, wie im Himmel, so auf Erden

Gott hat den Menschen einen Teil seines Willens durch die Zehn Gebote offenbart. Die Menschen sollen immer wieder versuchen, den Willen Gottes zu erkennen und ihm Geltung zu verschaffen. Sehr schwer ist es jedoch, in großer Not und im Schmerz noch an dem Glauben festzuhalten, daß auch gerade jetzt Gottes Wille geschieht.

Jesus ist unter der Last des Kreuzes gestürzt und wird von den römischen Soldaten geschlagen und getreten, gezerrt und angespuckt. Der Hauptmann und Anführer des Zuges schaut dem grausamen Treiben vom Pferd aus gleichgültig zu.

Jesus wird zur Hinrichtung geführt. Er ist mit seiner körperlichen Kraft am Ende. Alle seine Anhänger haben ihn verlassen, er ist ganz allein den Demütigungen und Quälereien seiner Bewacher ausgesetzt. Bis zu seinem Tod hält er jedoch am Schlußsatz seines Gebets im Garten Getsemane fest: „Aber nicht mein Wille soll geschehen, sondern deiner" (Lukas 22,42).

Bild 83

Unser tägliches Brot gib uns heute

Diese Bitte betrifft nicht nur den Betenden selbst, denn er bittet nicht um ‚sein‘, sondern um ‚unser‘ tägliches Brot. Dies beinhaltet im Grunde das Versprechen des Betenden, seinerseits zur Bekämpfung des Hungers und der Not in dieser Welt beizutragen.

Dieser Holzschnitt zeigt die Speisung der Fünftausend (Matthäus 14,13-21). Jesus sitzt mit seinen Jüngern auf einem Hügel. Ein Knabe, der einen Beutel über der Schulter trägt und in einer Hand zwei Fische hält, steht vor ihnen. In der unteren Bildhälfte lagern die hungrigen Menschen – viele mit zuversichtlich nach oben gerichtetem Blick – auf der Erde.

Rechts im Hintergrund hat der Gehilfe Cranachs eine typologische Darstellung aus dem Alten Testament eingefügt: die wunderbare Ölvermehrung durch den Propheten Elisa (im Bild latinisiert als Heliseus bezeichnet, 2.Könige 4,1-7). Dieser weist eine arme Witwe an, aus einem Krug Öl in alle Gefäße zu gießen, die sie bei ihren Nachbarinnen ausleihen kann. Erst als alle Fässer voll sind, versiegt diese Quelle. Durch den Verkauf des Öles soll die Witwe ihre Schulden begleichen und ihren Lebensunterhalt bestreiten.

Bild 84

Und vergib uns unsere Schuld,
wie auch wir vergeben unsern Schuldigern

Mit dieser Bitte ist ein Versprechen des Betenden verbunden: er habe seinen Mitmenschen alles verziehen, was sie ihm gegenüber falsch gemacht oder versäumt haben, was sie ihm also schuldig geblieben sind. In der Fassung dieser Bitte, wie sie im Gebet gesprochen wird, bleibt der Zeitpunkt des menschlichen Handelns etwas unscharf. Es könnte der Eindruck entstehen, für den Augenblick des Betens genüge schon der gute Vorsatz. In der Neuen Genfer Übersetzung der Bibel heißt es dagegen: „Und vergib uns unsere Schuld, wie auch wir denen vergeben haben, die an uns schuldig wurden" (Matthäus 6,12).

Im Innern des Hauses tritt ein Knecht vor seinen Herrn, der Mitleid mit ihm hat und ihm seine Schulden erläßt. Draußen trifft der so gütig Behandelte auf seinen eigenen Schuldner und verlangt von ihm das überlassene Darlehen sofort zurück. Vergeblich bittet dieser mit flehend erhobenen Händen und jammervollem Gesichtsausdruck um einen Zahlungsaufschub (Matthäus 18,23-35, siehe hierzu auch Bild 62).

Bild 85

Und führe uns nicht in Versuchung

Es ist nicht Gott, der die Menschen in Versuchung führt, auch wenn dieser Satz gerade das zu behaupten scheint. Die Neue Genfer Übersetzung der Bibel erleichtert das richtige Verständnis. Dort heißt es: „Und laß uns nicht in Versuchung geraten" (Matthäus 6,13). Mit dieser Bitte soll die Absicht verbunden sein, das eigene Tun und Lassen immer wieder kritisch zu prüfen.

Vor der ersten Versuchung durch den Teufel hat Jesus vierzig Tage in der Wüste gefastet. Nun tritt der gehörnte Satan in einem talarähnlichen Gewand zu ihm hin und fordert ihn auf, Steine in Brot zu verwandeln. Jesus trägt einen kleinen Nimbus mit einem außergewöhnlich großen Strahlenkranz Er weist gelassen die Aufforderung des Teufels zurück: „Der Mensch lebt nicht nur vom Brot, sondern von jedem Wort, das aus Gottes Mund kommt" (Matthäus 4,2-4).

Der Löwe ist meist ein Symbol für Macht und Stärke. Hier an der Seite des Teufels verkörpert er aber als ein nach Beute jagendes Raubtier einen wichtigen Wesenszug des Versuchers (1.Petrusbrief 5,8). Die Schafe bei Jesus verweisen dagegen auf den Guten Hirten, der seine Herde vor dem wilden Löwen beschützt und sein Leben für sie hingibt (Johannes 10,11).

Bild 86

Sondern erlöse uns von dem Bösen

Damit bittet die Gemeinschaft der Betenden Gott, sie vor allem zu schützen, was sie davon abhält, nach seinem Willen zu leben. Aber wieder ist der Mensch gefordert, sich selbst darum zu bemühen, daß die Bitte in Erfüllung geht.

Die Landschaft mit einem See und Bergen, Städten und Burgen zieht sich bis weit in die Ferne. Im Vordergrund bittet die kanaanäische Frau mit gefalteten Händen Jesus, ihre Tochter von dem bösen Dämon zu befreien, der von ihr Besitz ergriffen hat. Jesus weist die Mutter zunächst ab, da er nur zum Volk Israel gesandt worden sei, nicht aber zu den Heiden. Die Frau erwidert ihm jedoch, selbst Hunde dürften die Brotreste fressen, die vom Tisch ihres Herrn fallen. Daraufhin erfüllt Jesus ihre Bitte (Matthäus 15,21-28, siehe hierzu auch Bild 34 in *Leben Jesu in Wort und Bild*).

Eine Begleiterin der vor Jesus knieenden Frau und die Jünger verfolgen gespannt den Dialog. Der Hund, der am unteren Bildrand nach Nahrung schnüffelt, erinnert an das entscheidende Argument, mit dem die Frau Jesus umstimmte.

Bild 87

Denn Dein ist das Reich
und die Kraft
und die Herrlichkeit
in Ewigkeit
Amen

Dieser Schluß des Vaterunsers wird in vielen Bibeln
in Matthäus 6,13 abgedruckt, obwohl er in den
frühesten überlieferten Texten des Evangeliums noch
nicht enthalten war. Die Worte sind aber schon zu Beginn
des 2. Jahrhunderts in manchen Gemeinden
am Ende des Gebets gesprochen worden.

Vier Substantive folgen dicht aufeinander
und werden nur von einem ganz knappen Satzgefüge
sprachlich verbunden.
Diese vier Worte sind schon
mit Paukenschlägen verglichen worden.
Mit ihnen beschreibt und preist die Gemeinde die
immerwährende Macht und Größe Gottes.

Verzeichnis der erklärten Begriffe

	Seite		Seite
Antependium	92	Manierismus	44
apokryph	25	Monatsbilder	52
Basilika	146	Miniatur	54
Beweinungsbilder	34	Nazarener	133
Bozzetto	143	Nimbus	13
Codex	100	Notname	29
Eucharistie	116	Orant	10
Evangeliar	54	Ottonische Buchmalerei	100
Evangelistar	100	Patriarchen	140
Evangelistensymbole	23	Pharisäer	19
Expressionismus	43	Pinselduktus	33
Fassung	140	Präraffaeliten	114
Genre	36	Rabbi	42
Grubenschmelztechnik	138	Redegestus	20
Hellebarde	103	Rokoko	116
illusionistisch	54	Samariter	25
Impressionismus	85	Sarkophag	124
Kartusche	116	Scherflein	56
Katakomben	122	Skriptorium	54
Katechismus	175	Stater	92
Kontrapost	123	Titulus	100
Kreuznimbus	104	Triptychon	85
Küchenstück	47	Typologie	138
Levit	25	Viktorianisches Zeitalter	114
		Weltlandschaft	14

Literaturnachweis

Anmerkungen des Verlegers

Aus dem Evangelischen Gesangbuch wurde der Wortlaut der Zehn Gebote und des Vaterunsers übernommen. Für die Fassung der Zehn Gebote, die von den reformierten Kirchen verwendet wird, wurde der Heidelberger Katechismus zu Grunde gelegt.

Die Texte aus den Evangelien wurden der Neuen Genfer Übersetzung (NGÜ) der Bibel entnommen. Der Legat-Verlag dankt der Genfer Bibelgesellschaft (La Maison de la Bible, Préverenges/Vaud) für die freundliche Genehmigung, aus diesen Büchern der Bibel, die in Einzelfassungen vorliegen, zitieren zu dürfen.

Zur Neuen Genfer Übersetzung der Bibel:
Wo es dem besseren Verständnis dient, fügt die Neue Genfer Bibelübersetzung – wie andere Übersetzungen auch – gelegentlich Wörter ein, für die es im griechischen Grundtext keine formale Entsprechung gibt. Diese Einfügungen werden durch senkrechte Apostrophe (z.B. 'später') gekennzeichnet.

Bei jeder neuen Bibelübersetzung stellt sich die Frage, ob altvertraute Bilder und Begriffe beibehalten oder ob sie dem modernen Sprachgebrauch angepaßt bzw. durch Worte, die den Grundtext genauer wiedergeben, ersetzt werden sollen. Auch bei den für dieses Buch ausgewählten Versen mußten solche Entscheidungen getroffen werden. Auf die auffallendsten Neuerungen wird nachfolgend hingewiesen.

Seite 32: Beim Gleichnis vom Barmherzigen Samariter: ‚Mitmensch‘ statt ‚Nächster‘
Seite 64: Beim Gleichnis vom Sämann ‚Bauer‘ statt ‚Sämann‘
Seite 118: Bei ‚Christus und die Samariterin am Jakobsbrunnen‘ ‚Samaritanerin‘ statt ‚Samariterin‘
Seite 128: Beim Gleichnis vom reichen Kornbauern ‚törichter Mensch‘ statt ‚Narr‘
Seite 130: Beim Gleichnis von den klugen und den törichten Jungfrauen ‚Brautjungfern‘ statt ‚Jungfrauen‘ und ‚Fackeln‘ statt ‚Lampen‘
Seite 134: Beim Gleichnis vom reichen Mann und vom armen Lazarus sitzt Lazarus ‚an Abrahams Seite‘ statt ‚auf Abrahams Schoß‘
Seite 146: Bei der Trennung der Gerechten und der Ungerechten ‚Ziegen‘ statt ‚Böcke‘

Zu der letzten Neuerung gibt die Neue Genfer Übersetzung in einer Fußnote den folgenden Hinweis: „In Palästina trennte der Hirte nachts die Schafe und die Ziegen voneinander, weil die Schafe die Kälte besser ertragen. Im griechischen Wort für Ziegen(böcke) schwang vielleicht schon damals ein abschätziger Unterton mit; es wird daher in manchen Übersetzungen mit Böcke wiedergegeben.“

Diese Änderungen in den Bibeltexten können für die Ausführungen zu den Kunstwerken nicht übernommen werden, weil für viele Motive im Lauf der Jahrhunderte feste Bezeichnungen üblich geworden sind. Deshalb werden in den Erläuterungen zu den Bibeltexten meist die neuen Bezeichnungen verwendet, bei den Erklärungen zu den Kunstwerken dagegen in der Regel die bisherigen Wendungen beibehalten. So werden auf einer Seite für eine Person oder eine Sache zwei verschiedene Worte gebraucht. Dieser Wechsel wird jedoch sicherlich weniger störend empfunden als das Zitieren aus alten Bibelübersetzungen, insbesondere dann, wenn die Bezeichnungen wie bei ‚Samariterin‘ und ‚Samaritanerin‘ sich nur wenig unterscheiden.

Bei den biblischen Eigennamen ist jeweils die Schreibung beibehalten worden, die in der zitierten Bibelübersetzung verwendet wurde.

Bibel und Katechismus

Das Evangelium nach Matthäus, Neue Genfer Übersetzung, 2. Aufl. Genf 1989
Das Evangelium nach Markus, Neue Genfer Übersetzung, 2. Aufl. Genf 1989
Das Evangelium nach Lukas, Neue Genfer Übersetzung, 2. Aufl. Genf 1989
Das Evangelium nach Johannes, Neue Genfer Übersetzung, Genf o.J.
Die Bibel nach der Übersetzung Martin Luthers, Revidierte Fassung von 1984, Stuttgart 1985
Evangelisches Gesangbuch, Ausgabe für die Evangelische Landeskirche in Württemberg, 1. Aufl. Stuttgart 1996
Heidelberger Katechismus, Revidierte Ausgabe 1997, Neukirchen-Vluyn 1997

Allgemeine Nachschlagewerke

Katechismus der katholischen Kirche, München, 1993.
Kindlers Malerei Lexikon. Hrsg. v. Hermain Bazin u.a., 15 Bde., München 1985.
Lexikon für Theologie und Kirche. Begründet v. Michael Buchberger. Hrsg. v. Josef Höfer und Karl Rahner. 14 Bde., Sonderausgabe Freiburg i. Br. 1986.
Jahn, Johannes: Wörterbuch der Kunst. Fortgef. v. W. Haubenreisser, 10. Aufl. Stuttgart 1983.
Keller, Hiltgart L.: Reclams Lexikon der Heiligen und der biblischen Gestalten, Legende und Darstellung in der bildenden Kunst. 7. Aufl. Stuttgart 1991.
Künstle, Karl: Ikonographie der christlichen Kunst. 2 Bde., Freiburg i. Br. 1926-1928.
Lexikon der christlichen Ikonographie (LCI). Hrsg. v. Engelbert Kirschbaum SJ in Zusammenarbeit mit Günter Bandmann, Wolfgang Braunfels u.a., 8 Bde., Freiburg i. Br., Rom, Basel und Wien 1968-1976, Neudruck Freiburg i. Br. 1990.
Schiller, Gertrud: Ikonographie der christlichen Kunst. Bd. 1, Gütersloh 1966.
Lexikon der Kunst. Begründet von Gerhard Strauss. Hrsg. v. Harald Olbrich. 7 Bde., Leipzig 1987-1994.

Einzeldarstellungen

Askew, Pamela: The Parable Paintings of Domenico Fetti, in: The Art Bulletin 43 (März 1961), S. 21-45.
Caviness, Madeline H.: The Windows of Christ Church Cathedral Canterbury. London 1981.
Ebert-Schifferer, Sybille (Hg.): Giovanni Francesco Barbieri – Il Guercino 1591-1666. Ausst. Kat. Frankfurt a.M., Kunsthalle Schirn 1991.
Einem, Herbert von: Masaccios ‚Zinsgroschen‘. Köln/ Opladen 1967.
Grünenfelder, Josef: Die Bibeltür am Großmünster in Zürich von Otto Münch. Zürich 1979.
Habich, Johannes: St. Nikolai zu Kiel, Große Baudenkmäler, Heft 323, München 1980.
Hoekstra, Hidde (Hg.): Die Rembrandt-Bibel, Bd. 2: Jesus von Nazareth. Neuhausen-Stuttgart 1981.
Hofmann, Werner (Hg.): Luther und die Folgen für die Kunst. Ausst. Kat. Hamburg, Kunsthalle 1983.
Imiela, Hans Jürgen: Max Slevogt. Karlsruhe 1968.
Jantzen, Hans: Ottonische Kunst. Hamburg 1959.
Kahsnitz, Rainer/ Mende, Ursula/ Rücker, Elisabeth: Das Goldene Evangelienbuch von Echternach, Frankfurt a.M. 1982.
Liedtke, W.A.: The three parable paintings of Barent Fabritius. in: Burlington Magazine 119 (1977), S. 316 ff..
Mayr-Harting, Henry: Ottonische Buchmalerei. Liturgische Kunst im Reich der Kaiser, Bischöfe und Äbte. Stuttgart/ Zürich 1991.
Schmidt, Philipp: Die Illustration der Lutherbibel 1522-1700. Basel 1962.
Schuster, Peter-Klaus (Hg.): „München leuchtete". Karl Caspar und die Erneuerung christlicher Kunst in München um 1900. Ausst. Kat. München, Haus der Kunst 1984.
Stützer, Herbert Alexander: Ravenna und seine Mosaiken. Köln 1989.
Thiede, Klaus: St. Nikolai in Kiel. Kiel 1960.
Wagner, Hugo: Michelangelo da Caravaggio. Bern 1958.
Zeitler, Rudolf: Die Kunst des 19. Jahrhunderts (Propyläen Kunstgeschichte Bd. 11), Frankfurt a.M./ Berlin/ Wien 1984.

Bildnachweis

	Bild-Nummer
Rijksmuseum Amsterdam	8, 68
Koninklijk Museum voor Schone Kunsten, Anvers (Belgique)	33, 64
Archiv für Kunst und Geschichte, Berlin, Foto: Erich Lessing	41
SMPK, Gemäldegalerie, Berlin, Foto: Jörg P. Anders	54
Dietmar Necke, Böblingen	60
Felicitas Köster-Caspar, Brannenburg	14
Herzog Anton Ulrich-Museum Braunschweig, Museumsfoto: B.P. Keiser	27
Memlingmuseum Brügge, Foto: OCMW Brugge/M. Maertens	11
Musées royaux des Beaux-Arts de Belgique, Bruxelles, Foto: Cussac	32
Dean and Chapter of Canterbury, The Cathedral Studios	24, 25
Musée des Beaux Arts, Chambéry/Savoie, Foto: J. Bouchayer	28
Hessische Landes- und Hochschulbibliothek, Darmstadt	42
Staatliche Kunstsammlungen Dresden, Gemäldegalerie, Foto: Klut	30, 62
Staatliche Kunstsammlungen Dresden, Gemäldegalerie, Foto: Klut/Estel	44
Staatliche Kunstsammlungen Dresden, Kupferstichsammlung	80-87
Scala, Florenz	2, 5, 9, 37, 46, 53, 61
Städelsches Kunstinstitut, Frankfurt a.M., Foto: Kurt Haase	56
Staatliche Kunsthalle Karlsruhe	18
Pastor Christoph Kretschmar, Kiel	69
Augustiner-Chorherrenstift Klosterneuburg	59
The Trustees of the National Museums & Galleries on Merseyside, Liverpool	38
The Trustees of the National Gallery, London	17
© Fundación Colección Thyssen-Bornemisza, Madrid	50
Museo del Prado, Madrid	31
Michael Jeiter, Morschenich	51
Bayerische Staatsbibliothek, München	20
Hirmer Verlag, München	6, 52, 63
Staatliche Graphische Sammlung, München	13, 34
Germanisches Nationalmuseum, Nürnberg	7, 26, 47, 57
The Warden and Fellows of Keble College, Oxford	48
Reunión des Musées Nationaux, Paris, © Photo RMN – Jean	29
Artothek, Peissenberg, Foto 15: Blauel/Gnamm, Foto 16: G. Westermann	3, 10, 15, 16
Archivio Fotografico Soprintendenza Beni Artistici e Storici di Roma	36
Museum Boymans – van Beuningen Rotterdam	55
Kloster Sießen, Saulgau, Foto: Ingo Rack, Saulgau	49
Staatliches Museum Schwerin, Foto 1 und 21: Elke Walford, Hamburg	1, 4, 21
© Nolde-Stiftung Seebüll	45
Staatsgalerie Stuttgart	35
Dekan a.D. Erhard John, Ulm	65, 66
Museum Het Catharijneconvent Utrecht, Foto: Ruben de Heer	22
Kunsthistorisches Museum Wien	12, 19, 23, 39, 40, 43, 58, 67
Christine Winizki, Zürich	70-79

Inhalt

	Seite
Dank	5
Zur Buchreihe ‚Wort und Bild'	6
Zu diesem Buch	6
Der lehrende Jesus	9
Die Predigt Jesu	10
Die Bergpredigt	12
Die Predigt am See	14
Matthäus Kapitel 19 und das ‚Hundertguldenblatt'	16
Die Abschiedsrede	20
Der auferstandene Christus als Lehrer	22
Dein Bruder und dein Nächster	25
Das Gleichnis vom Balken im Auge	26
Die Werke der Barmherzigkeit	28
Das Gleichnis vom Barmherzigen Samariter	32
Vom rechten Glauben	41
Christus spricht in der Nacht mit Nikodemus	42
Christus im Haus von Maria und Martha	44
Der Rangstreit der Jünger	50
Das Gleichnis von den Lilien auf dem Feld	52
Das Opfer der Witwe	54
Der breite und der schmale Weg	58
Das Gleichnis vom unehrlichen Verwalter	60
Gnade und Vergebung	63
Das Gleichnis vom Sämann	64
Das Gleichnis vom großen Gastmahl	66
Das Gleichnis von den Arbeitern im Weinberg	70
Das Gleichnis von den anvertrauten Talenten	72
Das Gleichnis von der verlorenen Münze	74
Das Gleichnis vom Verlorenen Sohn	76
Jesus und der Tempel	89
Die Tempelsteuer	90
Das Gleichnis von den Blinden	94
Christus verteidigt das Ährenausraufen am Sabbat	96
Christus und die Ehebrecherin	98
Die Frage nach der kaiserlichen Steuer	104
Das Gleichnis von den bösen Weingärtnern	110

	Seite
Die Selbstzeugnisse Jesu	113
„Ich bin das Licht der Welt"	114
„Ich bin der Weinstock, ihr seid die Reben"	116
Christus und die Samariterin am Jakobsbrunnen	118
Der Gute Hirte	122
Das Weltgericht	127
Der reiche Kornbauer	128
Das Gleichnis von den klugen und den törichten Jungfrauen	130
Das Gleichnis vom reichen Mann und vom armen Lazarus	134
Abrahams Schoß	138
Das Gleichnis von der königlichen Hochzeit	142
Das Gleichnis vom unbarmherzigen Gläubiger	144
Das Scheiden der Schafe von den Böcken	146
Die Gleichnisse vom Himmelreich	149
Das Gleichnis vom Unkraut unter dem Weizen	150
Das Gleichnis vom Schatz im Acker	152
Das Gleichnis von der Perle	153
Gebot und Gebet	157
Das Gleichnis vom Pharisäer und vom Zöllner	158
Die Zehn Gebote	160
Das Vaterunser	174
Verzeichnis der erklärten Begriffe	186
Literaturnachweis	186
Bildnachweis	189